JACKELINE HAYASHI • JUNIA HAYASHI • PAULA YAMAMOTO • VANESSA DANTAS

COMO CRIAR FILHOS COM PROPÓSITO

quatro ventos

Editora Quatro Ventos
Avenida Pirajussara, 5171
(11) 99232-4832

Diretor executivo: Raphael Koga
Editora-chefe: Giovana Mattoso de Araújo

Editora responsável:
Natália Ramos de Oliveira

Editoras:
Hanna Pedroza Carísio
Josiane Anjos

Revisora: Carolyne Larrúbia L. Baracho

Diagramação: Rebeca R. C. Gobor
Capa: Vinícius Lira

Todas as citações bíblicas e de terceiros foram adaptadas segundo o Acordo Ortográfico da Língua Portuguesa, assinado em 1990, em vigor desde janeiro de 2009.

Todo o conteúdo aqui publicado é de inteira responsabilidade das autoras.

Todas as citações bíblicas foram extraídas da Nova Almeida Atualizada, salvo indicação em contrário.

Citações extraídas do site *https://biblia online.com.br/naa*. Acesso em abril de 2024.

1ª Edição: junho de 2024
2ª Edição: julho de 2024
3ª reimpressão: maio de 2025

Catalogação na publicação
Elaborada por Bibliotecária Janaina Ramos – CRB-8/9166

C735

Como criar filhos com propósito / Jackeline Hayashi, Junia Hayashi, Paula Yamamoto, et al.; Prefácio de Sarah Hayashi. – 2ª ed. São Paulo: Quatro Ventos, 2024.

Outra autora: Vanessa Dantas

336 p.; 14 X 21 cm

ISBN 978-85-54167-79-0

1. Paternidade e maternidade cristã. 2. Famílias - Vida religiosa. 3. Criação de filhos. 4. Vida cristã. I. Hayashi, Jackeline. II. Hayashi, Junia. III. Yamamoto, Paula. IV. Hayashi, Sarah (Prefácio). V. Título.

CDD 259.12

Índice para catálogo sistemático

I. Paternidade e maternidade cristã

SUMÁRIO

JACKELINE HAYASHI

@jackelinehayashi

Casada com Lucas Hayashi e mãe de Matheus (16) e Bianca (12), é pastora na Zion Church São Paulo e mestranda em Educação. Atua como coordenadora da pós-graduação em Educação na Faculdade Dunamis e supervisora global da G5.2, o ministério infantil da Zion Church. Em suas palavras, Jackeline é uma "mãe pirulita", ou melhor, como boa nordestina, uma "mãe rapadura": doce, mas não mole.

JUNIA HAYASHI

@juniahayashi

Esposa de Teófilo Hayashi, com quem lidera a Zion Church Global e o Dunamis Movement, é mãe de quatro filhos: Zach (8), Koa (6), Beni (2), e Kaila (1). Sua vida foi transformada ao conhecer Jesus por meio do movimento Dunamis, tornando-se uma agente de transformação no mundo. Seu maior desejo é ver uma geração que se posiciona na verdade da Bíblia, no amor de Cristo e no poder do Espírito Santo, com o propósito de estabelecer o Reino de Deus na Terra. Ela também lidera o projeto Pink Punch, voltado para o desenvolvimento de mulheres.

PAULA YAMAMOTO

@paulaayamamoto

Esposa de Tito Yamamoto, mãe de Pedro (19) e Aline (15), pastora, palestrante e consultora, Paula é graduada em Administração de Empresas e Pedagogia, e pós-graduada em COMEX e Negociações Internacionais pela Fundação Getúlio Vargas (FGV). Em sua atuação profissional, tem como foco levar os valores do Reino de Deus para o mundo corporativo e transformar esse pilar na sociedade. Como pastora, é responsável pela gestão dos Links (pequenos grupos nas casas) e pela implantação da Zion Church em novas localidades.

VANESSA SANCHES DANTAS

@pravanessadantas

Esposa de Anderson Dantas, com quem compartilha a missão de serem pastores seniores da Zion Church Maceió, mãe de Gustavo (15) e Felipe (13), e formada em Administração, Vanessa Dantas é acolhedora quanto à presença de Deus no lar e prática na educação de seus filhos. Ela busca educar entendendo a personalidade de cada um, contando sempre com a ajuda do Espírito Santo e o direcionamento de Deus, que é Pai e, mais do que ninguém, sabe do que eles precisam para serem luz e sal nesta Terra.

Agradecimentos

[illegible]

com quem compartilho [illegible]

[illegible] para [illegible]

[illegible]

e Felipe [illegible]

[illegible]

[illegible]

[illegible]

[illegible]

[illegible]

[illegible]

[illegible]

[illegible]

PREFÁCIO

Criar filhos à luz da Palavra de Deus não é fácil. Além de incutir a Escritura Sagrada em suas mentes e corações, precisamos lidar com suas questões físicas e emocionais, compreender suas personalidades, educá-los com boas maneiras, prepará-los para a vida e impulsioná-los a viverem seu chamado. Existem, também, todos os questionamentos despertados em uma criança naturalmente curiosa, e, como pais, devemos estar prontos a responder e instruir de acordo com a Palavra de Deus. Foi dessa maneira que sempre busquei criar meus dois filhos, Teófilo e Zoé.

Todo ser humano tem três partes: espírito, alma e corpo. Na educação das crianças, é necessário cuidar dessas três áreas, observando o equilíbrio entre elas, pois ninguém é perfeito. É o que recomendo a todos os pais. Como explicar para uma criança sobre o espírito? Na minha experiência, eu dizia a meus filhos que existem dois corações: um que bate, e que o médico pode ouvir, e outro que só Deus vê. Eu falava para o Teófilo e a Zoé que Jesus queria entrar no coração que só Deus vê, e orava muito para que eles tivessem o Novo Nascimento. Assim, comecei a explicar o que a Nova Vida significava — claro que eu orava bem mais do que explicava. Eu não queria que eles recebessem Jesus no coração apenas intelectualmente; mas esperava mesmo que tivessem a experiência do Novo Nascimento.

Como o pai deles fora embora muito cedo, eu costumava lembrá-los de que o Papai do Céu se sentaria conosco na hora das refeições. Nós realmente colocávamos na mesa um prato e talheres como se Ele fosse nos acompanhar naqueles momentos. Eu ensinava as crianças a esperar e sentir a presença de Deus, e só então começar a comer.

Na escola, eu requeria que meus filhos cumprimentassem os professores e jamais respondessem malcriadamente. Eu me certificava de que eles estavam indo bem nos estudos, respeitando e obedecendo aos professores e ao diretor. Cuidava para que tivessem um comportamento honesto e obediente.

Também fiz um mural, que era repleto de perguntas, e quando voltavam da escola, lá iam os dois à frente dele, enquanto eu passava por cada pergunta, que requeria boa educação. Na Igreja, eles tinham que levar a tarefa em dia e decorar os versículos que os professores pediam. Quando o final da semana chegava, eles recebiam prêmios de acordo com suas boas práticas. A maior recompensa para os dois era ir ao McDonald's comer hambúrguer e sorvete. Essa foi a maneira mais eficiente que encontrei para disciplina-los e premiá-los.

Em casa, a sexta-feira era o dia da família para nós. Qualquer coisa de que precisassem, como canetinhas novas, era comprada no dia da família, quando íamos ao shopping center. À noite, eu contava uma estória e orava com eles, dava uns beijinhos, e as crianças dormiam.

Meus filhos, como quaisquer filhos, foram crescendo, e os cuidados passaram a ser diferentes. O principal deles sendo o cuidado com as amizades — se não nos atentarmos para com quem os nossos filhos estão andando, todo o cuidado pode ser perdido; portanto, é muito importante vigiar.

Eu não deixava o Teófilo e a Zoé dormirem na casa dos amiguinhos, mas incentivava que eles os convidassem para a nossa, pois eu conhecia seus colegas e sabia que entravam no estilo de nossa família: boas maneiras na mesa, banho, hora de contar histórias, oração antes de dormir.

Uma vez, uma menina quis tanto dormir em nossa casa que nós a convidamos. À noite, porém, ela sentiu saudades dos pais e não parou de chorar. Pedi a um casal de confiança que ficasse com meus filhos enquanto eu levava a menina de volta para a casa dela. É claro que telefonei para a sua família e a levei à sua casa — que era bem longe. Pelo menos, enquanto eu resolvia a situação, os meus filhos estavam seguros com esse casal da nossa igreja. Creio que esse episódio foi uma lição também para eles, pois os ensinou a pensar duas vezes antes de tomar uma decisão.

Apesar de cuidar dos meus filhos e discipliná-los da mesma forma, os dois sempre demonstraram suas particularidades. Eu precisei conhecer as diferenças entre eles e lidar com cada um de modo distinto. Eram apenas dois filhos, mas eles eram bem diferentes um do outro. Cada um tinha o seu chamado.

Teófilo era muito interessado no globo terrestre, conforme a sua professora do primeiro grau me falava. Parecia que, desde pequeno, já tinha o chamado para as nações. Desde cedo, ele queria ver todos sendo salvos. Evangelizava os vizinhos — e até adultos, como os porteiros e serventes do prédio —, e voltava feliz, dizendo: “Eu fiz mais um cristão!”. Ele tinha que falar de Jesus Cristo a todos e vibrava quando a pessoa O aceitava no seu coração. Era o chamado dele desde pequeno. Hoje, ama pregar e vai ao redor do mundo para assim fazer.

A Zoé, por outro lado, era bem introvertida. Gostava de ficar a sós, trabalhando com as mãos. Bem diferente do irmão, ela tem chamado artístico. É realmente uma artista e tem uma mente bastante diferente. Finalmente, aprendi a entender a mente de artista, que vê as coisas de uma maneira tão distinta e tem uma profundidade diferenciada, penetrando fundo na mente e no coração das pessoas. Confesso que levei um bom tempo para entender a minha filha. Hoje, posso compreender melhor seus pensamentos e motivações.

Foi uma profunda lição que aprendi. Agora sei valorizar as pessoas de acordo com a personalidade própria; confesso que não foi fácil, mas foi importante. E fico feliz que eles tenham encontrado pessoas que os valorizam da mesma maneira.

Meu filho casou-se com uma mulher que o valoriza e o entende bem. Minha filha também casou-se com um homem que tem a inteligência e a profundidade para entendê-la. Ambos estão bem casados, graças a Deus! Eles são seguros e felizes.

Teófilo tem quatro filhos lindos e vive muito bem com uma família feliz. A Zoé ainda não tem filhos, mas vive bem com seu marido. O importante para mim, como mãe, é que os dois estão servindo ao Senhor com seus cônjuges, cada um com o seu chamado. Eu me considero uma mãe abençoada por ter filhos que servem a Deus, cada qual com suas aptidões.

Este livro trará ensinamentos, reflexões e testemunhos que o ajudarão a construir sua família à luz da Bíblia. Escritos por auxiliadoras idôneas, que influenciam vidas dentro e fora de suas casas, cada capítulo abordará um tema de grande valor para o futuro dos seus filhos. Você aprenderá a compreendê-los da melhor maneira, a corrigi-los de acordo com a Escritura Sagrada e, acima de tudo, a ensiná-los que Deus é o membro mais importante da sua família!

- Pra. Sarah Hayashi

INTRODUÇÃO

por **Junia Hayashi**

Eu me lembro muito bem, como se fosse hoje, do dia em que comecei a escrever em um documento de Word o que aprendia sobre maternidade ao conversar com mães, ao observá-las lidando com seus filhos ou ao analisar como agiam e reagiam às atitudes deles. Fazia tudo isso a partir de um coração decidido a aprender, crescer e fazer o melhor para meus futuros filhos. Tive uma mãe muito presente, amorosa e dedicada, que me apresentou uma forma de "maternar" extremamente bíblica, mas eu queria ir além. Desejava realmente ser uma mãe que construísse o caráter de seus filhos, ensinasse-os a amar e a obedecer a Deus acima de todas as coisas e os impulsionasse a ser tudo o que o Senhor já havia designado para eles. Claro que eu tinha consciência de que, infelizmente, erraria várias vezes, mas também carregava a convicção de que poderia acertar muito.

Na época, eu ainda não tinha o vocabulário necessário para explicar tudo que buscava, hoje, porém, entendo que meu intuito sempre foi criar filhos que manifestassem Cristo a este mundo e gerassem transformação a partir do poder do Espírito Santo. Afinal, no fim, a grande razão da existência é esta: ser transformado para transformar, até que Ele volte. Deus começa em nós algo individual para, por meio de nós, impactar o coletivo.

Depois de um tempo, o documento de Word se tornou um documento mental no qual eu imaginariamente seguia registrando tudo o que aprendia. Alguns anos se passaram antes de eu poder começar a colocar essas coisas em prática, mas, quando a hora chegou, dei-me conta de que estava mais preparada para aquela nova, empolgante, assustadora e maravilhosa fase. E é isso que eu desejo que este livro faça por você, leitor. Quer ainda nem casado esteja, quer esteja se preparando para a chegada de um bebê, quer já tenha filhos mais velhos, sempre é tempo de aprender, melhorar e crescer.

A maternidade, assim como tudo o que é bom, não é simples e fácil. Eu a enxergo com muito temor, como meu maior privilégio e meu maior desafio. Estar nesse lugar é como jogar xadrez — você ainda não sabe qual será o seu próximo movimento nem o de seu filho. E, entenda, cada criança é como um novo jogo. Não existe uma fórmula para "maternar", mas existem princípios e valores atemporais e absolutos que nos pautam, guiam e ensinam a "jogar esse jogo" com sucesso — o que não significa que nunca erraremos, mas, sim, que sempre continuaremos a tentar. Pediremos perdão quando errarmos, corrigiremos nossas falhas, receberemos instrução do Senhor e seguiremos.

Deus não está em busca de mães e pais perfeitos, e sim de mães e pais dispostos. A única coisa da qual Ele precisa é que eu e você estejamos disponíveis e posicionados, para que possa nos moldar, guiar e instruir na criação e na educação de Seus filhos — que Ele escolheu confiar a cada um de nós. Como você sabe, o Senhor não erra em nada. Então Ele sabia que a pessoa certa para conduzir essas crianças em Seu caminho seria você. Oro para que este livro lhe dê convicção de que não há mãe ou pai melhor para seus filhos e ajude você a depender totalmente do Santo Espírito de Deus, que sempre estará conosco para nos auxiliar em cada detalhe.

Apesar de a maternidade ser a jornada mais assustadora de todas, com certeza também é a mais linda e recompensadora. Não criamos nossos filhos para nós, mas para servirem ao Rei dos reis e O tornarem conhecido onde quer que estejam. Se doze discípulos puseram o mundo de cabeça para baixo, imagine o que os milhares de discípulos de Cristo, que estamos formando e iremos formar, podem fazer! Por isso, convido você a entrar nesta jornada de receber da Bíblia tudo o que necessita para discipulá-los e instruí-los nos caminhos do

Senhor de uma forma prática e aplicada, pois entendemos que **famílias bem-estruturadas têm o poder de discipular nações.**

> *Ensine a criança no caminho em que deve andar, e ainda quando for velho não se desviará dele.* (Provérbios 22.6)

---

por Vanessa Dantas

A chegada dos filhos é um momento de muito impacto em diversos aspectos, mas uma coisa não pode ser perdida no meio do caminho: a família. Este livro tem como propósito desmistificar certos tabus relacionados à família e à criação de filhos, proporcionando uma base sólida, com verdades bíblicas, e oferecendo orientações para a construção de um lar saudável e bem protegido.

Recordo-me das palavras ministradas quando me casei. O pastor compartilhou o seguinte ensinamento ao meu marido: "Anderson, chegará um momento em seu casamento no qual Deus vai lhe perguntar: 'Onde está a Vanessa?', e você deverá dizer: 'Ela está na tenda (protegida)'". Essa mesma pergunta foi feita pelo Senhor a Abraão, por meio de Seu anjo (cf. Gênesis 18.9), quando o pai da fé e sua esposa, Sara, estavam prestes a testemunhar o cumprimento da promessa divina — o nascimento de Isaque, o filho da alegria (cf. Gênesis 21.6). Foi então que compreendi a importância de proteger a família: Deus tem um propósito para ela, e nossos filhos são parte disso!

Pais desprovidos de propósito e de valores bem definidos e comunicados, inevitavelmente, criarão pessoas desamparadas, frágeis e vulneráveis. Como cristãos, devemos ter nossa família governada pela Palavra de Deus. Não são os avós, a cultura, tampouco o Estado e a nação que devem ditar as normas em nosso lar. Pertencemos a um Reino Celestial que está acima de tudo isso. Embora vivamos neste mundo, nós só estamos sujeitos às suas normas desde que elas não contradigam os valores do Reino de Deus!

Encorajo você a permitir que sua a mente seja renovada, pois a Palavra tem esse poder transformador em nós. Este livro terá respostas para perguntas como: "Como construir uma família saudável e protegê-la?", "Como viver a promessa em família?", "Como educar filhos com personalidades distintas?", "Como corrigir sem ferir?", "Como estabelecer a cultura do Reino em nosso lar?" e "Como criar filhos fortes?".

É imprescindível ampliar nossa visão acerca da família e da criação de filhos, pois o plano de Deus é bem maior do que nós mesmos e vai muito além da mera satisfação de gerar bebês lindos (concordo plenamente com as mães nesse ponto). Eles nascem com um propósito a ser cumprido. Mergulhe nesta leitura e permita que o Espírito Santo de Deus transforme o seu entendimento a respeito da família!

por **Paula Yamamoto**

Quando pensamos em família, idealizamos um lar saudável, feliz e cheio de amor. Contudo, no momento em que iniciamos nossa jornada como pais, nem sempre vivemos exatamente o que imaginamos, porque temos de readequar todos os outros papéis da nossa vida cotidiana. Trabalho, ministério, lar, cônjuge, filhos... O que fazer? Foi isso que me perguntei após dez anos de casamento, assim que vi em meus braços um japonesinho lindo do qual eu teria de cuidar.

Ao lermos Romanos 12.1, aprendemos sobre o culto racional, uma adoração sincera regida pela obediência (que sempre se caracterizará pelas nossas atitudes). Caminhar dessa forma significa agir a partir de quem Deus é em nós, e não do que pensamos sobre nós mesmos. É por isso que o maior desafio ao educar uma criança é não ser guiado pela emoção, movendo-se conforme seus sentimentos, e sim pela razão, pautando-se na Palavra e compreendendo que esse também é um ato de adoração.

Eu sei que, diante da dinâmica da casa, com trabalho e família, há pais que se perdem entre o amor e a disciplina. Frases como "Fico tão pouco com ele, como posso agora disciplinar?" são capazes de cegá-los para a importância da correção. Mas sempre tive em mente que educar com a razão traria bons frutos no futuro, meus filhos poderiam se tornar adolescentes fortes e saudáveis, e, por mais difícil que fosse, entendia que corrigi-los seria importante para o crescimento deles.

O fato de a criança ainda não ter aprendido a falar, por exemplo, não significa que ela não compreenda a instrução. Quando meus filhos ainda eram pequenos, eu me lembro de colar figuras na parede do corredor da nossa casa para sinalizar o que eles **não** poderiam fazer, porque era pecado. Essa era uma forma de as crianças reconhecerem o seu pecado e lembrarem que todo ato tem uma consequência, e, por isso, se o comportamento fosse mal, a disciplina seria acionada. Isso, porque, como pais, nossa missão é levar nossos filhos a terem encontros com Cristo — mesmo em uma família disfuncional —, pois, quando trazemos a Pessoa de Jesus para o nosso dia, Ele supre o vazio causado pela falta do papel paterno ou materno, sacia a carência do coração e fortalece nossa identidade n'Ele.

O intuito deste livro é que você entenda que pode criar seus filhos com os ensinamentos bíblicos de forma prática e objetiva ao ser intencional durante o tempo em que estiver com eles, mesmo frente a todas as outras obrigações. Vivemos em uma época em que a sociedade tenta destruir a família, trazendo valores contrários aos que encontramos na Bíblia e minando princípios estabelecidos por Deus para um lar saudável. Como pais, se entendermos os valores e os fundamentos que as Escrituras nos dão para educarmos nossos filhos, formaremos uma geração forte e saudável, espiritual e emocionalmente, que influenciará as nações com princípios e verdades da Palavra de Deus.

---

por Jackeline Hayashi

Enquanto escrevo, estou aqui na minha sala observando o Matheus, meu filho de 16 anos, que já é muito mais alto que eu — um homem! Meu Deus! Ele tem a voz grossa, diz querer se casar aos 23 anos e me pede para assistir a filmes ao seu lado, porque daqui a três anos irá para a faculdade e já não estará mais em casa. Parece que foi ontem que ele dizia "*quemiri*" quando queria dizer "creme".

A Bibizinha, minha segunda filha, está no quarto dela, tocando ukulelê e escrevendo o roteiro de uma pequena peça teatral que fará com as amigas. Ela já tem 12 anos, mas, aos meus olhos, ainda parece aquela menininha de dois anos que pintou toda a parede da sala e ficou muito triste quando a limpamos — pois acreditava que havia feito uma verdadeira obra de arte. O tempo passa muito rápido!

Lembro-me de Matheus com 4 anos e Bibi com 1, em uma tarde de verão em São Paulo. Sempre íamos ao parquinho do nosso condomínio para brincar, mas aquele dia seria diferente. Desci com duas sacolas; uma com garrafinhas de água e frutas, e a outra com uma surpresa: uma toalha de piquenique, um bolo de chocolate quentinho que eu havia acabado de fazer, guardanapos, suco, copos e a chave do meu carro.

Dirigi até perto do parquinho, abri o porta-malas e liguei a trilha sonora do filme *Toy story*. Meus filhos vibraram! Havia muitas outras crianças lá, e ficamos dançando e nos divertindo com todas elas. Depois, abri a toalha de piquenique e convidei as meninas e os meninos que brincavam ao redor para lancharem conosco. Algumas mães e babás também estavam lá, então juntamos os lanches, e eu tirei o bolo de chocolate da sacola — é engraçado como as crianças têm um fascínio por bolo de chocolate!

Minha intenção era marcar positivamente não só a mente dos meus filhos, mas as das crianças do parquinho. Elas estavam felizes, as mães estavam felizes, as babás estavam felizes. Eu me sentia realizada! Sempre desejei viver momentos como aquele. Sempre sonhei em ser mãe, e aquele dia parecia a realização desse sonho.

Contudo, uma menininha que estava sentada perto de nós olhou triste para a sua babá e disse: “Eu queria que minha mãe fizesse bolo de chocolate para mim”. A babá, enquanto acariciava os cabelos dela, respondeu rapidamente: “Sua mãe é inteligente! Ela está trabalhando!”. Outras duas mães me olharam depressa, porém ninguém disse nada. A menininha ficou feliz e continuou a comer o bolinho de chocolate.

A criança foi consolada. A dor de não ter a mãe por perto foi aliviada e deu lugar à alegria. A babá disse o que pensou ser a melhor resposta. Não a culpo por isso. Não fiquei triste com ela nem me senti uma mãe "burra", mas fiquei pensando no porquê de eu realmente ter feito aquele bolo e preparado o piquenique.

Cheguei me sentindo a melhor mãe do mundo, cheia de orgulho, e fui embora reflexiva. Aquela mamãe, distante naquele momento, poderia estar triste no trabalho por não conseguir ficar com a filha ao longo do dia, e eu a estava julgando.

Fiquei pensando em quantas mães queriam estar ali, mas precisavam trabalhar, e nas que não se encaixavam no rótulo de mãe do lar e sofriam por isso.

Oxe! Não era porque eu estava em casa que não errava! Eu sabia disso, como poderia julgar mães que trabalhavam fora?! Ah... como eu errava! No processo de educar os filhos, falhamos tentando acertar, fazemos o que prometemos nunca fazer e, muitas vezes, nos sentimos culpadas.

A culpa geralmente aparece associada a algo que fizemos ou deixamos de fazer no passado. Eu tive de lidar com esse sentimento em muitas situações, e não foi fácil. Às vezes, pensamos coisas como: "E se eu tivesse dito 'não'?", "E se eu tivesse insistido para ir?", "E se eu tivesse feito de uma forma diferente?". A questão é: não falamos, não estávamos lá, não fizemos... e agora? O que fazer? É aí que entra a misericórdia de Deus, e nós nos agarramos a ela para seguir em frente. Não podemos mudar o passado, mas podemos mudar o presente para construir o futuro.

Este livro é sobre isto: ajudar pais a semearem boas sementes no presente para colherem bons frutos no futuro, por meio da graça e da misericórdia do Senhor.

> *E, assim, se alguém está em Cristo, é nova criatura; as coisas antigas já passaram; eis que se fizeram novas.* (2 Coríntios 5.17)

ESTE LIVRO É SOBRE ISTO: AJUDAR PAIS A SEMEAREM BOAS SEMENTES NO PRESENTE PARA COLHEREM BONS FRUTOS NO FUTURO, POR MEIO DA GRAÇA E DA MISERICÓRDIA DO SENHOR.

CAPÍTULO 1

FAMÍLIA À LUZ DA BÍBLIA

por **Jackeline Hayashi**

“Como posso ter uma família feliz?”.

“Existe uma família feliz?”.

Durante a minha adolescência e parte da minha juventude, essas perguntas surgiam em minha mente de forma constante, pois, em meu lar de origem, eu não conseguia ver essa real felicidade. Pelo contrário: testemunhava brigas constantes entre meus pais. O interessante é que, mesmo sem ter um casamento feliz, minha mãe me fazia acreditar na possibilidade de meu futuro lar ser harmonioso, e, por esse motivo, eu sempre tentava descobrir como isso seria possível.

Eu acredito que, assim como me questionei um dia, muitos solteiros e casados — que desejam ter um lar

ANTES DE NOS PERGUNTARMOS COMO TER UMA FAMÍLIA FELIZ, DEVEMOS NOS PERGUNTAR COMO PODEMOS VIVER ESSA REALIDADE À LUZ DA BÍBLIA.

perfeito, com filhos obedientes, sadios e amáveis, e pais unidos — também passam por isso. Mas, entendendo que a Palavra é a verdade absoluta, aprendi que, antes de nos perguntarmos como ter uma família **feliz**, devemos nos perguntar como podemos viver essa realidade **à luz da Bíblia**.

Minha mãe me ensinou a encontrar nas Escrituras a verdade sobre relacionamentos, família e filhos, e, graças aos seus ensinamentos, pude compreender que não é porque muitas pessoas sofrem com casamentos difíceis que todas **devem** sofrer. É importante quebrarmos essas mentiras intencionalmente, porque tudo o que somos, fazemos e temos precisa ser moldado pela Bíblia — e essa verdade serve, inclusive, para o nosso entendimento de família.

Vivemos no tempo do relativismo, isso significa que as filosofias vigentes desejam relativizar conceitos que, para nós, são basilares. De acordo com a visão atual, podemos ser família de inúmeras maneiras; de acordo com a Palavra de Deus, porém, não existem outras formas de se viver essa instituição, senão por meio do que o Senhor estabeleceu: a família espiritual — com a Igreja —, e a natural — com a união entre um homem, uma mulher, e seus filhos.

A melhor coisa é termos prazer em voltar para o nosso lar — isso significa que temos um ambiente gostoso para estar.

por **Paula Yamamoto**

Quero conversar com você sobre a segunda formação: **o que a Bíblia diz sobre a família natural?**

Vamos começar por Gênesis 2, com a primeira família!

HOMEM E MULHER

A história de Adão e Eva traz as bases para a compreensão bíblica da instituição familiar. Ela é o ponto de partida. Gênesis nos apresenta à criação do homem e da mulher, ambos moldados à imagem de Deus para estabelecer os fundamentos da convivência humana (cf. Gênesis 1.26-28).

Em Gênesis 2, há uma descrição clara da formação do homem.

> *Então o Senhor Deus formou o homem do pó da terra e lhe soprou nas narinas o fôlego de vida, e o homem se tornou um ser vivente.* (Gênesis 2.7)

Preciso que você se atente a esse versículo, pois ele traz consigo uma revelação muito importante. Somente na formação do **homem** é que o Senhor soprou o fôlego de vida. Terra, plantas e animais não o receberam, apenas Adão, o primeiro homem! Por que isso é tão importante? Porque Deus estabeleceu claras diferenças entre o ser humano e os animais. Hoje em dia, porém, temos visto uma inversão de valores explícita na nossa sociedade: ao mesmo tempo em que existe uma tentativa de humanização dos animais, nós observamos a desvalorização do ser humano. Não entrarei no mérito filosófico, mas a influência do relativismo tem sido tão forte na nossa sociedade, que seus vestígios tentam se infiltrar na Igreja. Por esse motivo é tão importante entendermos a família à luz da Bíblia.

No capítulo 7 do livro *Verdade absoluta*, de Nancy Pearcey, podemos ler a seguinte passagem.

> No passado, foram os cristãos que advertiram que a evolução darwinista acabaria destruindo a moralidade, reduzindo-a a padrões de comportamento escolhidos apenas por seu valor de sobrevivência. Naquela época, os evolucionistas respondiam com firmeza e confiança que livrar-se de Deus não poria em risco a moralidade, que "podemos ser bons sem Deus". Mas nos últimos anos, os próprios evolucionistas estão declarando abertamente que a teoria mina a base da moralidade.

Por exemplo, o biólogo William Provine, da Universidade Cornell, percorre o circuito de conferências dizendo aos universitários que a revolução darwinista ainda está incompleta, porque até agora não adotamos todas as suas implicações morais e religiosas. Quais são essas implicações? Provine faz uma lista: "Não há fundação suprema para a ética, não há significado supremo para a vida e não há livre-arbítrio". Os psicólogos evolutivos estão completando a revolução darwinista, fazendo suas implicações totais. Eles estão ligando os pontos, mostrando o que o darwinismo consistente quer dizer para a moralidade.

Os resultados podem ser muito incompatíveis. Há alguns anos, os comentaristas conservadores levaram um susto coletivo, quando um professor universitário de Princeton publicou um artigo para apoiar — imaginem! — as relações sexuais entre seres humanos e animais. O professor chamava-se Peter Singer, já notório por seu apoio aos direitos dos animais. (Ainda não percebemos que tipo de direitos ele quis dizer.)

O artigo intitulava-se "Animais Grávidos", no qual Singer deixa claro que o seu verdadeiro objetivo é atacar a moralidade bíblica. Conforme ele escreve, no Ocidente temos a "tradição judaico-cristã" que ensina que "só os seres humanos são feitos à imagem de Deus". "Em Gênesis, Deus dá aos seres humanos o domínio sobre os animais".

Mas Singer sustenta que a evolução refutou a narrativa bíblica: a evolução nos ensina que "somos animais", e a conseqüência é que "o sexo cruzando as barreiras das espécies [isso não é um eufemismo científico?] deixa de ser uma violação do nosso *status* e dignidade como seres humanos". Estes sentimentos não permanecem retidos cuidadosamente na área educacional, mas vazam para a cultura popular, onde causam impacto muito maior no público. Em 2002, a peça teatral da Broadway *A Cabra, ou: Quem É Sylvia?* apresentou um arquiteto bem-sucedido que confessa à esposa que ele se apaixonou por outra pessoa. O objeto do seu afeto era uma cabra chamada Sylvia. Pelo visto, os dramaturgos já não sentem que há bastante tensão dramática em um caso amoroso comum; para criar mais dramaticidade, eles têm de vasculhar o tema da bestialidade.

Agora você consegue perceber a importância de entender e ensinar os primeiros capítulos de Gênesis aos nossos filhos?

O Senhor Deus disse ainda: — Não é bom que o homem esteja só; farei para ele uma auxiliadora que seja semelhante a ele. Havendo, pois, o Senhor Deus formado da terra todos os animais do campo e todas as aves dos céus, trouxe-os a Adão, para ver que nome lhes daria; e o nome que ele desse a todos os seres vivos, esse seria o nome deles. O homem deu nome a todos os animais domésticos, às aves dos céus e a todos os animais selvagens; mas para o homem não se achava uma auxiliadora que fosse semelhante a ele. Então o Senhor Deus fez cair um pesado sono sobre o homem, e este adormeceu. Tirou-lhe uma das costelas e fechou o lugar com carne. E da costela que havia tirado do homem, o Senhor Deus formou uma mulher e a levou até ele. E o homem disse: "Esta, afinal, é osso dos meus ossos e carne da minha carne; será chamada varoa, porque do varão foi tirada". (Gênesis 2.18-23)

Não existia, em toda a criação, uma auxiliadora para Adão, então Deus fez Eva, também à Sua imagem e semelhança. Homem e mulher estavam em uma categoria totalmente diferente de todos os outros seres; não eram iguais à natureza, ocupavam um lugar superior e tinham o dever de cuidar dela. Trago todo esse contexto para lhe dizer que a valorização do ser humano é importante quando falamos sobre família. Não é à toa que somente os seres humanos são capazes de adorar ao Senhor.

Quando lemos a Palavra, descobrimos que a natureza proclama a glória de Deus, ou seja, ela apenas mostra

A VALORIZAÇÃO DO SER HUMANO É IMPORTANTE QUANDO FALAMOS SOBRE FAMÍLIA.

a glória d'Ele (cf. Salmos 19.1). Em Salmos 150.6, por sua vez, está escrito: "Todo **ser que respira** louve ao Senhor. Aleluia!" (grifo nosso). Nesse texto, o salmista não se referia a plantas e animais. A palavra "respira" é *neshamah* que, em hebraico, significa "respiração, espírito"; ou seja, todo ser que recebeu o sopro do Espírito deve adorá-lO — e, vale lembrar, estamos falando apenas do ser humano.

O plano original de Deus não foi cancelado pela Queda. É verdade que o pecado corrompeu cada aspecto da nossa natureza, mas ele não nos fez menos humanos, nem menos do que humanos. Não somos animais. Ainda refletimos "por espelho" (cf. 1 Coríntios 13.12), ou "obscuramente" (ARA), a nossa essência, como portadores da imagem de Deus.

A BÊNÇÃO E OS MANDATOS

> *Assim Deus criou o ser humano à sua imagem, à imagem de Deus o criou; homem e mulher os criou. E Deus os abençoou e lhes disse: — Sejam fecundos, multipliquem-se, encham a terra e sujeitem-na. Tenham domínio sobre os peixes do mar, sobre as aves dos céus e sobre todo animal que rasteja pela terra.* (Gênesis 1.27-28)

Com as Escrituras, nós aprendemos que, para ser família à luz da Bíblia, é necessário que haja um relacionamento abençoado entre um homem e uma mulher, que devem cumprir os mandatos, ou as ordenanças, divinos.

E Deus os abençoou

Primeiro, Deus abençoa. Uma família à luz da Bíblia precisa almejar a bênção do Senhor, pois isso a santifica. De acordo com Webster, 1828, o dicionário mais fiel às Escrituras, bênção significa "santificar ou consagrar por rito ou palavra religiosa". O nosso objetivo deve ser construir uma família abençoada pelo Senhor, separada por e para Ele.

Depois de abençoar, o Senhor determina algumas ordenanças, que podemos chamar de **mandatos familiar** e **cultural**.

Sejam fecundos

Aqui temos um **mandato familiar**: ter filhos. A família não é composta apenas por homem e mulher, os filhos também fazem parte de sua formação e construção. É por isso que, biblicamente, quando pensamos em nos casar, devemos automaticamente associar essa união a uma nova vida. Como cristãos, após o casamento, nós não deveríamos pensar se gostaríamos ou não de ter filhos; a pergunta, na verdade, teria de estar relacionada a quantos filhos teremos.

A reprodução da vida neste planeta é um dos mais elevados alvos e propósitos para o ser humano. [...]. Quando qualquer nação ou sociedade não honra a vida, também não honra a Deus ou Seu propósito para o ser humano. Ao ponderar sobre este propósito, podem-se fazer algumas das seguintes deduções:

A. Ter filhos é um alvo a longo prazo que avança no tempo, para além de nossa família imediata, quando visto pela perspectiva de Deus. [...] Nações que restringem o nascimento de crianças e limitam o tamanho das famílias não honram a vida. Na economia de Deus, não existe o temor da superpopulação.

B. O propósito da vida representa, em si mesmo, honra para a família e para o casamento [...]. Toda forma de perversão sexual tende a destruir o casamento e desonrar o processo de reprodução e a adequada criação das crianças.

C. O propósito também envolve honrar as crianças ainda não nascidas, os enfermos e os idosos. Aborto, eutanásia e a destruição da vida daqueles considerados não dignos de viver são formas de desonrar a vida e nossa sociedade está sofrendo hoje porque temos perdido o propósito original de nossa existência.

D. A vida humana possui valor mais alto do que a vida animal. Toda vida deve ser honrada.

> Entretanto, a vida animal foi criada por Deus para servir ao homem e nossas leis deveriam refletir tal fato. Quando os animais são protegidos de forma mais consistente que a vida humana, isso significa que a vida humana foi reduzida a algo inferior à vida animal.[1]

Uma família à luz da Bíblia não apenas entende a importância de ter filhos como também luta por eles; ela compreende que, dentro do ventre, a criança já é uma vida, e, por isso, é contra o aborto e abraça a bênção de gerar e criar filhos.

Multipliquem-se, encham a terra e sujeitem-na

Em Gênesis 1.28, após o mandato familiar, nós somos apresentados ao **mandato cultural**. O Senhor ordena que o homem e a mulher criem uma **cultura**, ou seja, estabeleçam um estilo de vida.

1. Multipliquem-se

Multiplicar-se significa desenvolver o mundo **social**. É formar não apenas famílias, mas comunidades, civilizações, governos, instituições (igrejas, escolas, organizações...), construindo uma sociedade. Não é possível haver multiplicação quando optamos por caminhar sozinhos. Uma família à luz da Bíblia entende a importância

[1] Paul Jehle, *Ensino e aprendizagem: uma abordagem filosófica cristã*, 2015, p. 33-34.

de viver em comunidade, de estar na igreja e de trabalhar para que a família espiritual cresça. A família à luz da Bíblia valoriza seus irmãos na fé, e não os despreza, pois tem a consciência de que, além de se tratar da família espiritual, eles ainda fazem parte da **multiplicação** que o Senhor ordenou.

2. Encham a terra e sujeitem-na

Encher a terra significa atuar no mundo **natural**. É agir e mover-se no lugar em que essa sociedade se desenvolverá — seja ao arar, plantar, colher ou construir —, usando a criatividade que Deus nos deu para produzir. Tudo isso tem a ver com trabalho, pois não é possível sujeitar a terra a partir da preguiça. A família à luz da Bíblia valoriza o trabalho, faz tudo com excelência, como para o Senhor (cf. Colossenses 3.23), e luta contra a preguiça.

3. Tenham domínio sobre os peixes do mar, sobre as aves dos céus e sobre todo animal que rasteja pela terra

Ter domínio significa exercer **autoridade delegada**. O ser humano é representante do Governador supremo e foi chamado para refletir Seu cuidado santo e amoroso para com a criação. Precisamos dominar a natureza, não no sentido de destruí-la, mas de sermos bons mordomos, assim como um bom músico domina muito bem seu instrumento e um bom cozinheiro domina as suas próprias receitas como ninguém, além de não desperdiçar nenhum ingrediente.

Diante dessa ordenança, não há permissão para dominar outros seres humanos. A opressão não é bíblica e, portanto, não fomos chamados para oprimir pessoas, mas para construir uma comunidade, compreendendo que não há ser humano melhor que outro; somos todos imagem e semelhança de Deus. Desta forma, uma família à luz da Bíblia luta contra o preconceito racial, a escravidão, a exploração sexual, os abusos físicos, emocionais e sexuais. Uma família à luz da Bíblia entende o princípio da vida e da valorização do ser humano.

O PECADO E A FAMÍLIA

É interessante perceber que até os não-cristãos executam o mandato familiar e cultural — eles são fecundos, multiplicam-se e enchem a terra —, ou seja, casam-se, constituem famílias, abrem escolas, dirigem negócios, trabalham...

O Senhor ordenou que fizéssemos tudo isso debaixo da bênção e em obediência, mas, como sabemos, o pecado nos separou de Deus. A grande questão é que o mandato familiar e cultural permaneceu, e, agora, o ser humano precisa cumpri-lo enquanto lida com a sua natureza pecaminosa. Após a Queda, as consequências da desobediência foram apresentadas ao homem e à mulher pelo próprio Deus.

> *E à mulher ele disse: — Aumentarei em muito os seus sofrimentos na gravidez; com dor você dará à luz filhos. O seu desejo será para o seu marido, e ele a governará. E a Adão disse: — Por ter dado ouvidos à voz de sua mulher e comido da árvore que eu havia ordenado que não comesse, maldita é a terra por sua causa; em fadigas você obterá dela o sustento durante os dias de sua vida. Ela produzirá também espinhos e ervas daninhas, e você comerá a erva do campo. No suor do seu rosto você comerá o seu pão, até que volte à terra, pois dela você foi formado; porque você é pó, e ao pó voltará.* (Gênesis 3.16-19)

Aumentarei em muito os seus sofrimentos na gravidez; com dor você dará à luz filhos

Filho é bênção! Após o pecado, a gravidez não foi amaldiçoada, a forma como os bebês nasceriam apenas seria diferente. As dores se multiplicariam, mas de nenhuma maneira o "sejam fecundos" foi alterado. Mesmo depois da Queda, os filhos continuaram a ser uma bênção, e podemos ver isso em várias passagens bíblicas.

> *Herança do Senhor são os filhos; o fruto do ventre, seu galardão.* (Salmos 127.3)

Uma herança é algo valioso passado de uma geração para a outra, como um legado. Perceba como isto é precioso: Deus nos dá filhos como herança — essa foi a melhor maneira que Ele escolheu para nos premiar, galardoar e recompensar. Precisamos entender a importância e a honra de gerar.

O seu desejo será para o seu marido, e ele a governará

Muitos interpretam esse versículo como se a submissão tivesse sido um castigo do Senhor para a mulher, mas precisamos entender que o grande problema, na verdade, foi que ela passou a ser governada por um homem **pecador**. Antes da Queda, Adão não pecava; depois, porém, ele teve de batalhar contra a carne e enfrentar lutas internas, até então inexistentes. O marido, agora afastado do Senhor pelo pecado, sofre as consequências desse distanciamento e, consequentemente, sua esposa também.

Contudo, depois da redenção, por meio de Jesus Cristo, existem homens que são novas criaturas (cf. 2 Coríntios 5.17), que voltaram ao Jardim e possuem relacionamento diário com Deus, fazendo com que a submissão não se torne difícil, mas, sim, algo que gera alegria e prazer. Por isso é tão importante a mulher entender sobre esse assunto e ensinar suas filhas a escolherem bem a quem serão submissas — se a um homem que ainda não teve o Novo Nascimento ou a um que já nasceu de novo. Isso fará total diferença! Ser submissa a alguém que tem um relacionamento pessoal com Deus e sabe que deve ser a representação de Jesus e o sacerdote de seu lar não é um castigo, mas faz com que a mulher "viva no paraíso".

Já conversei com a Bibi, minha filha, sobre esse assunto, porém acredito que o melhor mesmo é mostrar na prática o que realmente significa ser submissa no lar. Uma vez ela me perguntou o que era a submissão, e, para exemplificar, eu a fiz lembrar de quando o pai dela me pega no colo ao brincarmos. Expliquei que, se o meu marido está comigo no colo, o peso é dele e eu vou para onde ele me leva. Depois, perguntei à Bibi: "Para quem é mais difícil, filha? Para o papai, que me segura nos braços, ou para mim, que sou carregada?". Ela respondeu: "Para o papai!". É exatamente isso! A submissão é mais difícil para o homem porque é ele que deve responder a Deus para onde está levando sua esposa. A responsabilidade é maior para o marido.

Agora... imagine ser carregada por um homem que não sabe para onde ir! Imagine ser carregada para um lugar ruim! Assim acontece com a mulher que se casa com alguém que não teme a Deus! Inevitavelmente, ela sofrerá! Mas como é bom ser carregada por um marido que tem convicção do lugar para onde está indo e que ouve do Senhor a direção que deve seguir.

Saber para onde ir é a missão; ser carregada por meu marido é a submissão. Assim, permaneço debaixo da ordenança do Senhor.

Por ter dado ouvidos à voz de sua mulher e comido da árvore que eu havia ordenado que não comesse

Em Gênesis 3.6, nós vemos claramente a primeira demonstração histórica da inversão de papéis entre o homem e a mulher. Eva não deveria alimentar Adão, e sim o contrário — Adão tinha o dever de alimentar sua esposa. O início da Queda se deu a partir daí.

Por que será que a serpente conversou primeiro com Eva? Será que ela era a mais fraca? Ou será que a serpente sabia que Eva possuía a capacidade de construir e edificar? Provérbios 14.1 diz: "A mulher sábia edifica a sua casa, mas a insensata a derruba com as próprias mãos". Tudo o que o Inimigo precisava era fazer com que Eva temesse menos a Deus e, assim, se tornasse tola. Foi o que aconteceu. A serpente manipulou a mulher para que ela olhasse mais para si do que para o seu Criador.

Ainda no versículo 6 de Gênesis 3, lemos que Eva começou a perceber que o fruto era bom para comer,

EVA NÃO DEVERIA ALIMENTAR ADÃO, E SIM O CONTRÁRIO – ADÃO TINHA O DEVER DE ALIMENTAR SUA ESPOSA.

agradável aos olhos e desejável para o entendimento, ou seja, ela começou a olhar para si. "**Eu** quero satisfazer **minha** carne", "**Eu** quero satisfazer **meus** olhos", "**Eu** quero satisfazer **meu** ego". "**Eu** mereço, **eu** quero, **eu** posso!". E foi assim que o movimento feminista começou, no jardim do Éden, na boca da serpente. "Pense em você e pare de olhar para Deus!", "Seu corpo, suas regras!", "Abandone as regras do Criador!".

Na Queda, vemos o enfraquecimento do homem. Eva comeu do fruto e o entregou a Adão, então ele também comeu! Ele não se posicionou, não negou a oferta, mas se deixou levar por sua esposa. O homem se acomodou em ser **servido** pela mulher. A desconstrução da verdadeira masculinidade não começou com a ideologia de gênero — esta, na verdade, é apenas mais uma ferramenta de destruição utilizada pelo Diabo —, mas teve início na Queda.

Uma família à luz da Bíblia valoriza o homem e a mulher, entende suas diferenças, com a consciência de que ambos são igualmente importantes diante de Deus — e que isso não anula o fato de serem distintos. Além disso, uma mulher à luz da Bíblia não se deixa enganar por falsas ideologias como o movimento feminista! É necessário ter cuidado e permanecer alerta.

Em fadigas você obterá o sustento durante os dias de sua vida

O trabalho não foi um castigo para o homem após a Queda. Deus já tinha ordenado que Adão trabalhasse, sujeitando a terra, antes mesmo de ele comer do fruto proibido. Porém, isso era feito sem sofrimento. Após o pecado, a terra foi amaldiçoada e começou a produzir cardos e abrolhos, dificultando a atividade humana. O problema, portanto, não está no trabalho, mas na dificuldade que temos, muitas vezes, ao fazê-lo.

Uma família à luz da Bíblia valoriza o trabalho e usufrui do favor do Senhor, mesmo em uma terra amaldiçoada pelo pecado. Ela é grata pelo pão de cada dia, pela bênção de poder trabalhar e sentir o refrigério do Pai, ainda que nos dias difíceis. Uma família à luz da Bíblia ensina sobre a importância do trabalho, da luta contra a preguiça e de fazer tudo com excelência, como para o Senhor e não para os homens (cf. Colossenses 3.23).

Após a Queda, podemos ver que todas as famílias enfrentaram grandes problemas. Adão e Eva, por exemplo, tiveram um filho assassino (cf. Gênesis 4), e os homens passaram a se corromper de tal maneira que o Senhor decidiu destruir tudo e recomeçar com Noé (cf. Gênesis 6). Foi nesse cenário que Deus repetiu sua ordenança.

> *Deus abençoou Noé e os seus filhos, dizendo: — **Sejam fecundos, multipliquem-se e encham a terra.*** (Gênesis 9.1 – grifo nosso)

Porém, os seres humanos continuaram a pecar; e as famílias, a viver histórias difíceis que hoje nos servem de ensinamento. Na Bíblia, não há uma só família perfeita. Até Maria e José, pais de Jesus, um dia O esqueceram no templo (cf. Lucas 2.41-48)! Abraão foi o pai da fé, mas não teve força o suficiente para dizer "não" a Sara quando ela quis dar uma *ajudinha* a Deus (cf. Gênesis 16). A família de Ló nos ensina sobre não nos contaminarmos com a cultura, mas também sobre as consequências de uma mulher desobediente (cf. Gênesis 19.23-29). Isaque e Rebeca nos emocionam com sua linda história de amor ao mesmo tempo em que nos alertam sobre as divisões familiares, pois cada um tinha preferência por um dos filhos (cf. Gênesis 25.28). Poderíamos seguir por muitas e muitas histórias bíblicas de famílias das quais extraímos diversos ensinamentos por meio dos seus erros e acertos, mas, agora, nós nos voltaremos às características da família perfeita.

A FAMÍLIA PERFEITA

Ao olharmos para as Escrituras, percebemos que o melhor exemplo de uma unidade familiar perfeita é encontrado na relação entre Deus Pai, Deus Filho e Espírito Santo — harmonia que nos traz grandes ensinamentos.

Comunhão ininterrupta

A Trindade é marcada por uma comunhão constante e íntima entre o Pai, o Filho e o Espírito Santo. Em João 17.24, Jesus expressou o desejo de compartilhar essa comunhão eterna com seus seguidores: "Pai, a minha vontade é que, onde eu estou, também estejam comigo os que me deste [...]".

Amor incondicional

O amor que permeia a Trindade é exemplificado na afirmação do Pai em Mateus 3.17, ao declarar Seu prazer no Filho: "[...] Este é o meu Filho amado, em quem me agrado". Esse amor é profundo, incondicional e demonstra aceitação total.

Respeito mútuo

Cada pessoa na Trindade respeita o papel e a função das outras. Jesus, em João 5.19, exemplificou esse respeito ao afirmar: "[...] O Filho nada pode fazer por si mesmo, senão somente aquilo que vê o Pai fazer [...]". Há uma colaboração perfeita, sem rivalidade.

Colaboração harmônica

A colaboração entre o Pai, o Filho e o Espírito Santo é evidente na obra da Criação (cf. Gênesis 1.26) e na redenção da humanidade. "Façamos" — não há competição, mas uma colaboração harmônica para cumprir o plano divino.

Honra recíproca

Jesus frequentemente expressava Sua submissão ao Pai, revelando uma honra recíproca. Em João 8.29, Ele afirmou: "[...] Eu faço sempre o que lhe agrada". Essa honra é mútua e fortalece a unidade na diversidade da Trindade.

Ao observarmos os exemplos proporcionados pela Trindade divina, somos desafiados a aplicar essas lições em nossas próprias vidas familiares. Que possamos buscar a harmonia, honra e colaboração, reconhecendo que, mesmo diante das imperfeições humanas, a Trindade nos aponta para a excelência na construção e preservação de relacionamentos familiares saudáveis.

> *A graça do Senhor Jesus Cristo, e o amor de Deus, e a comunhão do Espírito Santo estejam com todos vocês.* (2 Coríntios 13.13)

CRIANDO FILHOS DE PROPÓSITO

COMO POSSO **PASSAR PARA O MEU FILHO A IMPORTÂNCIA DA FAMÍLIA**, DE MODO QUE A COMPREENDA E A VALORIZE DA MANEIRA CORRETA?

Sempre falei muito para as crianças sobre a importância de sermos unidos como família. Ensino que ser família é como ser um time: estamos todos unidos por um mesmo propósito — então se um ganha, todos ganham, e se um perde, todos perdem.

Além disso, quando brigam, sempre faço com que peçam perdão, se abracem, beijem e digam que se amam. De forma prática, eu os faço darem esse abraço de "barriga com barriga" e digo que só poderão "sair do abraço" quando estiverem "se amando de novo".

Outra coisa que ensino aos meus filhos é que eles sempre devem defender um ao outro quando estiverem fora de casa, porque família é assim: sempre se defende!

Temos também um mote que diz "Os Hayashi nunca desistem!". Isso traz união e identidade para a nossa família. Até que as crianças saiam de casa e formem suas próprias famílias, esse será o elo mais importante para elas.

por **Junia Hayashi**

Embora essa fase já tenha passado, eu me lembro muito de enfatizar a questão da segurança e do respeito. Assim, na dinâmica familiar, quando um erra, o outro o dá suporte; quando existem dificuldades, elas podem ser comunicadas, para que o ambiente se mantenha equilibrado. Isso demonstra o que é ser família.

Eu sempre busquei trazer linguagem, também. Por exemplo, quando a criança passa por uma confusão em seus sentimentos, ela não sabe como diferenciar e distanciar o que está acontecendo exteriormente — muitas vezes, ela só está cansada e com sono. Ao dar linguagem ao que nossos filhos sentem, nós mostramos que a família é esse lugar seguro, de cuidado e apoio.

por **Vanessa Dantas**

Acredito que, para enfatizar essa visão de família, precisamos alertar os adolescentes do que eles vão viver e do que já possuem. Nesse sentido, é importante lembrá-los que não é tempo de eles formarem família, porque, se querem ter um lar saudável, precisam esperar o tempo certo. Costumo dizer que formar família é muito bom, mas fazer isso na hora errada é uma destruição, porque não se consegue aproveitar o processo de cada fase.

A adolescência, por exemplo, é tempo de aprender e estudar, para que se possa construir uma família saudável lá na frente, tendo recursos para sustentar, proteger e suprir. Por isso enfatizo que é necessário aguardar a vida adulta, quando se tem condições para viver essa fase de fato.

Gosto muito quando meu filho volta de algum compromisso e diz: "Nossa, que delícia! Eu cheguei em casa!". Sempre respondo que, se ele ama o retorno para casa, precisa construir isso quando tiver a própria família. Porque a melhor coisa é termos prazer em voltar para o nosso lar — isso significa que temos um ambiente gostoso para estar.

por **Paula Yamamoto**

ANOTAÇÕES

DEUS NOS DÁ FILHOS COMO HERANÇA – ESSA FOI A MELHOR MANEIRA QUE ELE ESCOLHEU PARA NOS PREMIAR, GALARDOAR E RECOMPENSAR. PRECISAMOS ENTENDER A IMPORTÂNCIA E A HONRA DE GERAR.

CAPÍTULO 2

QUEM VEM PRIMEIRO?

por **Junia Hayashi**

Mas, para vocês que temem o meu nome, o sol da justiça se levantará trazendo cura nas suas asas. E vocês sairão e saltarão como bezerros bem alimentados. (Malaquias 4.2 – NVI)

Pouco antes dos 400 anos de silêncio entre Malaquias e Mateus, o Senhor nos deixou a promessa de que, para aqueles que temessem o Seu nome, viria o Sol da justiça, a saber, Jesus, com cura e salvação em Suas asas. É lindo ver como nosso Deus sempre garante o que nos é necessário. A passagem do livro de Malaquias nos aponta Cristo como esse Sol que traria alinhamento, restauração, ordem e esperança àqueles que n'Ele cressem. E é acerca do brilho dessa justiça sobre nossas vidas que eu gostaria de escrever para você neste capítulo.

O QUE É JUSTIÇA?

Antes de tudo, precisamos entender o que é **justiça**. Algumas definições, de acordo com o dicionário Michaelis, são:

> 1. qualidade ou caráter do que é justo ou direito. [...]
> 2. princípio moral e de valor que se invoca para dirimir a disputa entre as partes litigantes.

E quando buscamos "justificar", que é o efeito do brilho do Sol da justiça sobre nós, vemos definições como:

> 1. provar, demonstrar ou reconhecer a inocência própria ou de outrem; inocentar(-se) de culpa imputada.
>
>   [...]
> 2. (gráf.) compor e alinhar um texto de modo que todas as linhas sejam do mesmo tamanho, alinhando-as à esquerda e à direita.
> 3. (teol.) restituir à inocência original; tornar justo e inocente.

Por meio dessas definições, nós já podemos vislumbrar o significado e o efeito da justiça divina em nossa vida. Agora, buscaremos seu sentido à luz da Bíblia, pois, ao longo de toda a Palavra, encontramos menções a Deus e à Sua justiça.

Justiça é, em primeiro lugar, um atributo do Senhor, e é um terço de Seu Reino, pois vemos em Romanos 14.17 que "[...] o Reino de Deus não é comida nem bebida, mas **justiça**, paz e alegria no Espírito Santo" (grifo nosso). Então entendemos que ela é parte da natureza de Deus, bem como a manifestação de Seu Reino.

Vamos ler agora alguns versículos que mencionam **justiça**.

> *Ele mostrou a você, ó mortal, o que é bom. E o que o Senhor exige de você? Agir com justiça, amar a misericórdia e andar humildemente com o seu Deus.* (Miqueias 6.8 – NVI)

> *Aprendam a fazer o bem! Busquem a justiça, acabem com a opressão, lutem pelos direitos dos órfãos, defendam a causa das viúvas.* (Isaías 1.17 – NVI)

> *Quando se faz justiça, os justos se alegram, mas os malfeitores ficam apavorados.* (Provérbios 21.15 – NVI)

> *Ai de vocês, mestres da lei e fariseus, hipócritas! Vocês dão o dízimo da hortelã, do endro e do*

> *cominho, mas têm negligenciado os preceitos mais importantes da lei: a justiça, a misericórdia e a fé. Vocês deviam praticar estas coisas, sem omitir aquelas.* (Mateus 23.23 – NVI)

Nessas passagens, vemos o posicionamento que Deus espera do homem: a prática da justiça, o amor pela misericórdia e uma vida de humildade diante do Senhor, trazendo justiça por meio da responsabilidade social, da defesa dos menos favorecidos, da ordem social e moral. Ela é colocada ao lado da misericórdia e da fé como um dos pilares fundamentais de uma vida cristã que agrada a Deus.

Notamos claramente que se trata de algo ativo, pois está associado ao amor e à humildade, visa proteger os vulneráveis e lutar contra a opressão, tendo, portanto, o papel de estabelecer **equilíbrio** e **retidão** na sociedade. Considerando tudo o que vimos, podemos afirmar que manifestar a justiça celestial na Terra é alinhar nossa realidade à realidade dos Céus. Ou seja, a justiça do Pai é transformadora quando refletida sobre o mundo e sobre nossas famílias.

Contudo, é essencial termos o entendimento de que a realidade celestial não poderá ser estabelecida a partir de nossos esforços humanos. A única maneira de a vermos manifesta é por meio da obra da Cruz. Após o sacrifício de Jesus, fomos justificados n'Ele e temos acesso aos efeitos dessa justiça em nossa vida. Uma das coisas que ela faz é alinhar a nossa posição no Senhor e a nossa conduta diante d'Ele.

O Sol da justiça não atua apenas em nós individualmente, mas também em nossa família. Ele deve e pode brilhar com Sua justiça em nossa dinâmica familiar, trazendo cura e perfeita regência ao nosso lar. Deus anseia por trazer tal alinhamento para a forma que vivemos a nossa família, para que experimentemos Seu Reino e possamos manifestá-lo, levando, assim, paz, justiça e alegria no Espírito Santo àqueles que necessitam, conduzindo-os à salvação.

Quando permitimos que o Sol da justiça brilhe sobre nossa família, abrimos espaço para que Ele brilhe sobre todos ao nosso redor. Não há como esconder a luz do Sol — quando ela chega, tudo é iluminado.

DEUS QUER TRAZER ALINHAMENTO E ORDEM PARA NOSSA VIDA E DINÂMICA FAMILIAR

Quando olhamos para tudo o que Deus fez e faz, identificamos um fator constante: **a ordem**.

> *Pois Deus não é Deus de desordem, mas de paz [...]. Tudo, porém, deve ser feito com decência e **ordem**.*
> (1 Coríntios 14.33, 40 – NVI – grifo nosso)

Essa passagem da primeira carta de Paulo aos coríntios refere-se, primordialmente, à ordem nos cultos, mas sabemos que todas as instruções bíblicas são embasadas em princípios eternos. Neste caso, o princípio ao que quero que nos atentemos é o da ordem.

Para que as coisas corram do jeito ideal e planejado pelo Senhor, existe uma ordem a ser estabelecida e seguida. Desde antes da queda do homem, podemos ver Deus organizando o que fez. Houve ordem na criação do mundo e houve ordem na instrução de como Adão e Eva deveriam viver no Jardim do Éden. Deus deu instruções claras ao homem de como teria de proceder, dos frutos dos quais poderia se alimentar e dos que não poderia. As ordens e as instruções do Senhor para nossa vida não são demonstrações de controle, mas de amor. O Criador sabe o que é ideal para Suas criaturas; por isso, cremos que nosso Pai nos direciona por Seus caminhos para nosso próprio bem e para a expansão de Seu Reino na Terra.

Durante o êxodo do povo de Deus do Egito para a Terra Prometida, o Senhor direcionou e instruiu Israel. Ele os dirigiu por meio de uma coluna de nuvem durante o dia e uma coluna de fogo durante a noite; e os instruiu por meio do conselho de Jetro (cf. Êxodo 18), a respeito de como Moisés deveria gerir o povo e seus problemas, e por meio dos Dez Mandamentos. Ao analisarmos o Decálogo, por exemplo, percebemos que o Senhor coloca acima de todos o mandamento mais importante, do qual todas as outras coisas fluem: "Não terás outros deuses além de mim" (Êxodo 20.3; Deuteronômio 5.7 – NVI). Além disso, em Deuteronômio 6.5 há o complemento: "Ame o Senhor, o seu Deus, de todo o seu coração, de toda a sua alma e de todas as suas forças" (NVI).

Quando o Senhor Deus nos trouxe esse mandamento primordial, Ele nos mostrou que essa é a base de tudo e de onde tudo deve fluir. Devemos amar a Deus e colocá-lO em um lugar no qual não haja comparação de prioridade.

> *Mas busquem em primeiro lugar o Reino de Deus e a sua justiça, e todas estas coisas lhes serão acrescentadas.* (Mateus 6.33)

Essa ordem dos Céus se aplica a todos os âmbitos da nossa vida, pois os princípios e padrões do Reino de Deus são não apenas aplicáveis, mas essenciais a todas essas áreas. Eles transcendem tempo, espaço e cultura, uma vez que pertencem a um Reino eterno e superior. E, quando olhamos para nossa família, não é diferente. Nossa forma de viver em família não deve se basear em nossas boas intenções, ou em sugestões de pessoas que amamos, ou na sociedade em que vivemos. Mas, assim como para todas as coisas, precisamos da direção de Deus, da base de Sua Palavra e da inspiração de Seu Espírito Santo. O Senhor deve estar posicionado no lugar correto em nossa família.

MAS, AFINAL, QUAL SERIA ESSE LUGAR?

> *No princípio era a Palavra, e a Palavra estava com Deus e a Palavra era Deus. Aquele que é a Palavra estava com Deus no princípio. Todas as coisas foram feitas por intermédio dele; sem ele, nada do que existe teria sido feito. Nele estava a vida, e esta era a luz dos homens. A luz brilha nas trevas, e as trevas não a derrotaram.* (João 1.1-5 – NVI)

Em primeiro lugar, entendemos, então, que Deus tem a primazia. Ou seja, antes de qualquer coisa, Ele é. Deus não Se compara a ninguém, portanto seria inadequado colocá-lO em uma lista de ordem de prioridades humanas. Ele não apenas vem antes de tudo, mas é, ao mesmo tempo, a origem e o destino de todas as coisas, por Quem tudo é feito (cf. Romanos 11.36). Sendo assim, Ele é antes, Ele é a base e Ele é o centro.

Então, quando buscamos entender o lugar que Deus deveria ocupar em nossa vida como indivíduos e também em nossa família, concluímos que:

1. Ele é antes de tudo e não sofre comparações (cf. Colossenses 1.17-18).
2. Ele é a Rocha inabalável na qual edificamos nossa família (cf. Salmos 18; Mateus 7.24-27).
3. Ele é o centro, o Sol da justiça que rege em perfeita órbita a dinâmica familiar (cf. Malaquias 4.2).

Ele é antes de tudo e não sofre comparações

Não podemos pensar em Deus como mais um item em nossas listas de afazeres diários. O Senhor não pode ser comparado a nenhuma de nossas tarefas. Ele tem a primazia de nossa vida e vem antes de toda e qualquer coisa.

Entregamos a Deus o primeiro dia de nossa semana — o domingo —, o dia de irmos à Casa do Senhor. Entregamos a Ele o primeiro pensamento da manhã, as primeiras palavras. Começamos nossos dias consagrando-os a Deus, atraindo, dessa forma, a Sua bênção. Assim como consagramos nossas finanças ao Senhor, devolvendo-Lhe o dízimo antes de qualquer coisa, consagramos nossos dias entregando os primeiros momentos a Ele.

Ele é a Rocha inabalável na qual edificamos nossa família

Não somos como tolos que constroem sua vida e família sobre a areia, ou seja, sobre as incertezas deste mundo, ideologias erradas, opiniões ou modismos. Estabelecemos, fortificamos e edificamos nossa família na Rocha eterna, que é Jesus. Tudo o que fazemos é embasado na Palavra de Deus, na Bíblia, que é inerrante, infalível, atemporal, eterna e poderosa.

NÃO PODEMOS PENSAR EM DEUS COMO MAIS UM ITEM EM NOSSAS LISTAS DE AFAZERES DIÁRIOS.

Como cristãos, cada um dos nossos atos deve estar de acordo com as Escrituras. A forma de vivermos em família deve estar alinhada à Palavra. Os princípios e valores que regem e moldam nosso lar devem ser aqueles que compõem o Reino de Deus. A firmeza de nossa família é diretamente dependente do nosso compromisso com a Bíblia e com os preceitos do Senhor.

Ele é o centro, o Sol da justiça que rege em perfeita órbita a dinâmica familiar

Ao retornamos à comparação profética de Cristo com o Sol da justiça, descrita em Malaquias, identificamos algo de grande valia. O Sol brilha Sua luz, Sua justiça, sobre nós quando O posicionamos no centro de nossa família. A partir do momento em que permitimos que o Senhor de fato esteja no centro de tudo, Sua justiça pode brilhar e alinhar nossa dinâmica familiar. E assim como o Sol rege em perfeita órbita os planetas de nosso sistema, Deus regerá em perfeita órbita as diferentes temporadas de nossa vida.

Muitas vezes queremos colocar as coisas em ordem de prioridade, mas, a partir desses três pontos, entendemos que não há uma lista, senão uma hierarquia celestial à qual devemos nos atentar. Quando o Senhor está no centro, segurando por tensão nossos papéis e cada temporada pela qual passaremos, sentimos Seu puxar e liberar, de acordo com a necessidade específica da fase que vivemos. Não somos chamados a fazer tudo o tempo todo, mas a fazer o específico de Deus para cada momento.

É necessário lembrar que manter o Senhor no centro da nossa vida impacta a nossa saúde. Se não estivermos bem, nossa família também não estará e acabará vivendo esse impacto.

por **Vanessa Dantas**

O PAPEL DE DEUS NA FAMÍLIA

Permitir que o Senhor, de fato, exerça Seu papel em nosso lar é muito importante, pois é nesse contexto que aprendemos a amar, perdoar, cuidar, crescer e governar. Quem melhor para nos instruir na gestão de nossa família do que o próprio Deus, Aquele que a criou?

Quando analisamos a parábola do filho pródigo, percebemos uma chave em relação à estrutura celestial.

> *Levantar-me-ei, e irei ter com o meu pai, e lhe direi: Pai, pequei* ***contra o céu e diante de ti****.* (Lucas 15.18 – ARA – grifo nosso)

O filho pródigo tem um momento epifânico e se dá conta de que seu pecado foi, antes de tudo, contra o Céu, e não contra seu pai. Ele percebe que pecou contra a estrutura familiar originária, representada pela Trindade: o Pai, o Filho e o Espírito Santo (*Ruwach*). Embora não haja na Bíblia tal comparação, o Espírito Santo tem as características de uma mãe, pois é Ele quem consola, conforta e guia (cf. João 16; Romanos 8). Mas eu quero que nos atentemos, sobretudo, à perfeita dinâmica de papéis da Trindade. Tanto o Pai quanto o Filho e o Espírito são plenamente Deus, mas cada um exerce uma função específica.

Em nosso lar também somos chamados a exercer cada qual um papel específico e, quando guiados pelo Senhor, vemos uma dinâmica harmoniosa na forma de viver em família. Por isso, é necessário permitirmos que Ele exerça Seu papel em nosso meio. Sem Deus, estaremos como um barco sem velas, à deriva, em alto-mar. O Senhor nos provê a sabedoria necessária para edificar a casa e preenchê-la com tudo o que é necessário.

> *Com a sabedoria se constrói a casa, e com a inteligência ela se firma; pelo conhecimento os seus cômodos se encherão de todo tipo de bens, preciosos e agradáveis.* (Provérbios 24.3-4)

É por meio da sabedoria e do conhecimento de Deus que nossa família pode ser edificada de forma sólida e equilibrada, manifestando amor e paz, resistindo às tempestades da vida.

> *Confie no Senhor de todo o seu coração e não se apoie no seu próprio entendimento. Reconheça o Senhor em todos os seus caminhos, e ele endireitará as suas veredas.* (Provérbios 3.5-6)

Não podemos nos apoiar em nosso próprio entendimento, todavia devemos confiar em Deus e priorizar Sua presença no centro de nossa família, guiando nossos passos e decisões, a fim de que caminhemos em Seus caminhos de justiça e amor.

O IMPACTO NA FAMÍLIA QUANDO DEUS TOMA SEU LUGAR DEVIDO

Ao alinharmos nossas estruturas familiares à estrutura celestial e posicionarmos o Senhor de volta no centro de tudo, testemunhamos um impacto tanto na saúde espiritual quanto na saúde emocional de nossa dinâmica familiar e dos indivíduos que compõem a família. Quando permitimos que o Deus da ordem coloque-a em nosso lar, experimentamos restauração, harmonia e paz que ultrapassam a compreensão humana.

Uma vez que abrimos espaço para que Deus ocupe Seu devido lugar, Ele nos posiciona nos nossos devidos lugares, e, como cristãos, não podemos dar brechas a ideologias mundanas que desequilibrem o ecossistema planejado pelo Senhor. Quando olho para a dinâmica da minha família, consigo identificar esse alinhamento divino. Eu não posso abraçar ideias feministas, por exemplo, que me coloquem em um lugar que não me é devido. Tenho a plena convicção de que o meu papel como esposa apoiadora e mãe presente é necessário para o bom funcionamento de minha família. Não posso permitir que uma distorção mundana afete isso e, por consequência, impacte a formação emocional e espiritual de meus filhos.

Portanto, é necessário compreender que, de acordo com o Reino do nosso Deus, cada um tem um papel específico e crucial para exercer. Eu, por exemplo, consigo estar mais presente em casa somente porque meu marido cumpre com suas responsabilidades fora. E ele só é capaz de atender a esse chamado quando eu assumo minhas responsabilidades dentro. Sempre que há esse entendimento e alinhamento entre o casal, há, automaticamente, um fluir na estrutura do lar.

> *E a paz de Deus, que excede todo entendimento, guardará o coração e a mente de vocês em Cristo Jesus.* (Filipenses 4.7)

> *Se o Senhor não edificar a casa, em vão trabalham os que a edificam [...].* (Salmos 127.1)

É por isso que, ao tomar Seu lugar de honra, o Senhor não apenas edifica nossa casa, mas também guarda nosso coração e mente em Sua paz. Lembrando que não é a paz como o mundo a dá, mas a paz de Cristo (cf. João 14.27), que acalma, alinha, encaixa, promove estabilidade e bom funcionamento no lar, fortalecendo os laços familiares e curando as feridas do passado.

Há tamanho poder a ser experimentado quando vivemos família à luz da Bíblia, pois o Senhor anseia por trazer cura aos relacionamentos. Mesmo que cada um de nós tenha histórias diferentes em nossa família de origem, Deus nos apresenta redenção para que possamos construir algo novo e totalmente empoderado por Seu Santo Espírito. Os traumas pelos quais passamos podem parar em nós, e, da mesma forma, a cura que buscamos pode começar em nós.

Vejo isso de forma evidente na vida de meu marido, Teófilo, por exemplo. Recordo-me claramente de quando, no início de nosso casamento, conversávamos sobre o time de futebol para o qual nossos filhos iriam torcer — afinal, eu sou Flamengo, e ele, São Paulo. Enquanto eu tentava expor diversos motivos pelos quais nossos, naquele momento, futuros filhos deveriam torcer para meu time, meu marido olhou para mim e falou: "Eu não tive um pai para me levar ao estádio e sei quanta falta sentia disso. Quero ser esse pai para os nossos filhos". Obviamente, depois de sua fala, eu não apenas concordei que eles torcessem para o São Paulo, como me comprometi a garantir que soubessem tudo a respeito do time. Lembro-me vividamente da primeira vez em que fomos levar nosso filho mais velho, Zach, ao estádio. Teófilo andava à minha frente com nosso primogênito sentado sobre seus ombros quando, de repente, ele virou de lado e eu pude ver seu "sorriso bobo" junto a uma lágrima que descia em seu rosto. Naquele momento, ele estava vivendo uma expressão da redenção do Senhor sobre sua vida. Em sua infância, em vez de experimentar o amor seguro de um pai, ele experimentou o abandono assustador, mas escolheu submeter sua história a Deus para que pudesse, com seus filhos, viver uma realidade totalmente diferente.

Cada núcleo familiar tem sua história, seus desafios e suas particularidades, mas, acima disso, todos devemos nos lembrar de que, em Cristo, somos novas criaturas e tudo se faz novo (cf. 2 Coríntios 5.17-18). Sendo assim, podemos romper com padrões familiares negativos do passado e ser plenamente curados de traumas, ciclos viciosos e conflitos, construindo uma nova história baseada no amor e na graça divina.

Por meio da história de José no Antigo Testamento, testemunhamos que Deus sempre transforma em bem, para Sua glória, aquilo que o Inimigo tenta para o mal (cf. Gênesis 50.20). Apesar de toda injustiça por que passou em sua própria família, José pôde experimentar a redenção e a restauração do Senhor, pois permaneceu fiel a Ele. Sua cura não alcançou apenas seu pai e seus irmãos, mas todo um povo. Da mesma forma, Deus quer manifestar Seu Reino em nossa família natural para que nossa família espiritual também seja impactada.

Cristo é o alicerce sobre o qual devemos edificar nossa família. Quando O colocamos no centro e confiamos em Sua orientação, amor e poder, experimentamos a transformação que Ele deseja operar em nosso coração e lar, podendo tornar-nos, então, um reflexo do Seu amor incondicional e da Sua maravilhosa graça, em todos os lugares.

COMO COLOCAR JESUS NO CENTRO DE NOSSA FAMÍLIA?

Antes de nos casarmos, eu e Teófilo ouvíamos muito sobre "a tal" ordem ideal de prioridades: primeiro Deus, depois sua família natural, depois a Igreja e depois sua profissão. Porém, conforme vivíamos nossa realidade ministerial e familiar, fomos chegando à conclusão de que aquele conselho não era apenas não aplicável, como não funcional. E foi aí que entendemos que o Senhor não competia com ninguém e, como já mencionei, deveria estar no centro de tudo. Sendo assim, descobrimos formas de garantir que Ele Se mantivesse em Seu devido lugar.

Tudo o que precisamos saber para conseguir centralizar Cristo em nossa vida já consta em Sua Palavra

— temos de gastar tempo com Ele para construir um relacionamento sólido e efetivo.

Dedique tempo para à oração

Quanto mais enchermos nosso lar de oração, mais transformação veremos. Em nossas orações, podemos entrar em um lugar de intercessão e clamar pela intervenção divina em nossa família. É possível, também, nos posicionarmos em gratidão, de forma a mudar nossa perspectiva sobre as bênçãos que já temos vivido. Além disso, com a oração incessante, enchemos o nosso lar com a presença de Deus. Existem diversas formas de oração que podemos aplicar nos nossos dias, mas o mais importante é que sempre intercedamos por nossa família. Onde não há oração, não há transformação.

Também devemos desenvolver uma rotina de oração entre os membros da família. Precisamos ensinar nossos filhos como orar. A princípio, você pode orientá-los a repetirem suas orações e, com o tempo, eles aprenderão a orar por si próprios.

Outro ponto importante é que, ao orarmos, somos guiados pelo Espírito Santo sobre o que devemos e o que não devemos fazer. Ouvir d'Ele as direções e segui-las faz com que nosso discernimento espiritual cresça cada vez mais, o que nos leva a ter mais clareza de propósito — e, quando somos movidos por propósito, não perdemos tempo com coisas inadequadas para aquela temporada de nossa vida.

QUANTO MAIS ENCHERMOS NOSSO LAR DE ORAÇÃO, MAIS TRANSFORMAÇÃO VEREMOS.

Leia e conheça as Escrituras

Antes de tudo, devemos conhecer o que está disponível a nós por meio da Bíblia. Não saberemos o que reivindicar se não soubermos o que é nosso por herança. Sendo assim, precisamos conhecer a Palavra de Deus e tudo o que Ele nos promete e garante nela. Quando conhecemos tais promessas, podemos reivindicá-las e declará-las sobre nossa casa.

Declarar a Palavra é uma chave para destravar as promessas do Senhor para nossa família. Ensine seus filhos a lerem e memorizarem as Escrituras. Adquirir esse hábito desde cedo permitirá que eles tenham "muita Bíblia" dentro de si, e, em tempos de dificuldade, isso será refletido em suas declarações: tudo o que sair da boca deles estará na Palavra.

Quanto mais conhecemos as Escrituras, mais conhecemos a Deus e Seus caminhos. Isso nos posicionará cada vez mais nos trilhos corretos, levando-nos a uma caminhada mais assertiva.

Encha seu lar com adoração

A adoração sacrificial atrai os olhos do Senhor. Quando notamos que o nosso lar está com uma atmosfera pesada, podemos alterá-la ao trazer a realidade celestial para a nossa casa — às vezes, tudo o que precisamos é mudar a temperatura espiritual do ambiente. Faça do seu lar um local de adoração contínua a Deus e troque a murmuração, a tristeza, o cansaço e a dor pela adoração.

Ensinar nossos filhos a viverem uma vida de adoração genuína, independentemente da temporada e da circunstância momentânea, fará com que eles tenham uma "casca grossa" para enfrentar obstáculos na vida, pois terão aprendido onde devem depositar suas afeições em meio a tormentas.

Ensine os princípios e valores cristãos no dia a dia

A Bíblia é prática, e nós devemos ensinar aos nossos filhos as verdades da Palavra aplicadas à nossa rotina. Eu nunca perco a oportunidade de apresentar às minhas crianças algo que consta nas Escrituras. Sempre busco orientá-las a respeito do porquê das coisas, pois, uma vez que elas entendem a motivação, o comportamento também é impactado.

Lembro-me de um episódio em que, voltando da igreja, eu e meus filhos falávamos sobre como o mundo fora criado; naquele momento, era importante que eles soubessem sobre o que está escrito em Gênesis 1.1-2, então incluí esse texto em nossa conversa. Enquanto explicava que o mundo havia sido criado pela Palavra, um de meus filhos me interrompeu com o questionamento: "Então o mundo é feito de Bíblias?!". Depois de rir diante de uma pergunta tão sincera e fofa, aproveitei a oportunidade para explicar que o Verbo, a Palavra, estava com Deus desde o princípio, que Ele mesmo era Deus, que tudo fora feito por meio d'Ele e que o Verbo veio em carne, como Jesus Cristo (cf. João 1.1-2). E, então, contei a ele que, assim como Cristo era a Palavra encarnada de Deus, a Bíblia era a Palavra escrita.

É claro que não consigo, hoje, ensinar essa verdade da mesma forma ao meu terceiro filho, Beni, uma vez que ele tem apenas dois anos de idade. Mas eu posso ensinar-lhe os princípios sendo um modelo e mostrando-lhe como eles devem ser aplicados. Por exemplo, sempre que ele acorda, eu lhe peço para dar um beijo no papai, dar "bom dia" e dizer "eu te amo", pois honrar o pai e a mãe é um mandamento do nosso Senhor (cf. Êxodo 20.12). Outro exemplo é que, em nossas orações antes das refeições, sempre intercedemos pela viúva, pelo órfão, pelo estrangeiro e pelo faminto, de acordo com a Bíblia (cf. Tiago 1.27; Salmos 146.9; Deuteronômio 10.17-18; 24.17; 27.19; Jeremias 22.3; Zacarias 7.10). Há diversas formas de inculcarmos a Palavra a nossos filhos (cf. Deuteronômio 6.7), e o Espírito Santo é especialista em nos ensinar todas as coisas. Basta pedirmos, e Ele nos dará direcionamento.

Permaneça na Videira

> *— Eu sou a videira verdadeira, e o meu Pai é o lavrador. Todo ramo que, estando em mim, não der fruto, ele o corta; e todo o que dá fruto ele limpa, para que produza mais fruto ainda. Vocês já estão limpos por causa da palavra que lhes tenho falado. Permaneçam em mim, e eu permanecerei em vocês. Como o ramo não pode produzir fruto de si mesmo se não permanecer na videira, assim vocês não podem dar fruto se não permanecerem em mim. — Eu sou a videira, vocês são os ramos. Quem permanece em mim, e eu, nele, esse dá muito fruto; porque sem mim vocês não podem fazer nada. Se alguém não permanecer em mim, será lançado fora, à semelhança do ramo, e secará; e o apanham, lançam no fogo e o queimam. Se permanecerem em mim, e as minhas palavras permanecerem em vocês, pedirão o que quiserem, e lhes será feito. Nisto é glorificado o meu Pai: que vocês deem muito fruto; e assim mostrarão que são meus discípulos.* (João 15.1-8)

Não há como fazermos nada se não estivermos ligados à Fonte. Precisamos estar conectados à Videira, bebendo dela, aprendendo com ela, sendo nutridos por ela. Dessa forma, daremos frutos que glorificam o Pai.

Seja movido por um propósito maior que sua própria família

Temos muitos exemplos de cristãos cujas famílias tinham seu propósito no Reino de Deus, testemunhando assim grande transformação no mundo a partir de suas famílias naturais.

A) **Família Graham:** Billy Graham foi um dos maiores evangelistas que já existiu, levando quase três milhões de pessoas a Cristo. Ele e sua esposa eram movidos pelo propósito de fazer o Senhor conhecido. Hoje, todos os seus filhos servem a Deus.

B) **Família ten Boom:** Corrie ten Boom e sua família, movidos por coragem, amor e compaixão, consideraram suas vidas como uma entrega ao Senhor e ajudaram judeus durante a Segunda Guerra Mundial.

C) **Família Bonhoeffer:** Dietrich Bonhoeffer foi um teólogo e pastor alemão que se opôs ao regime nazista durante a Segunda Guerra Mundial. Sua família era conhecida por sua firmeza na fé e pelo compromisso com a justiça e a verdade.

D) **Família Taylor:** Hudson Taylor foi um missionário britânico que levou o Evangelho à China no século XIX. Sua família compartilhava de sua paixão pela missão e dedicou a vida ao serviço de Deus. A confiança no Senhor e a obediência à Sua vontade eram os pilares de sua dinâmica familiar.

E) **A sua família:** a sua família será marcada pela presença e pelo temor a Deus, causará transformação na Terra e levará muitos a Cristo, impactando a sociedade.

Sugestões de leitura

Para conhecer mais sobre o legado deixado por essas famílias, leia *Heróis da Igreja: grandes nomes da história do cristianismo*, volume 5, por Al Truesdale, e *O segredo espiritual de Hudson Taylor*, por Howard Taylor.

CRIANDO FILHOS DE PROPÓSITO

CONFORME MEUS FILHOS CRESCEM, DEMANDAM DIFERENTES NECESSIDADES E DEDICAÇÃO DA MINHA PARTE. **QUE TIPO DE ADAPTAÇÕES NA MINHA ROTINA E PENSAMENTO** POSSO BUSCAR PARA **MANTER O SENHOR COMO CENTRO DA MINHA VIDA** E DA MINHA FAMÍLIA?

Para mim, é muito fácil falar sobre isso, porque essa foi a fase mais difícil da minha vida. Eu quis muito ter filhos, mas não imaginava a quantidade de demandas que teria de suprir trabalhando fora. Meu filho tinha apenas dois anos e meio, e eu precisei ser lembrada de que família é um ministério. Diferentemente de outras mães, eu não tinha essa compreensão, então foi necessário que eu absorvesse essa verdade — e isso só foi possível após ouvi-la de outra pessoa.

Confesso que ter esse entendimento foi um choque. Quando, finalmente, isso entrou no meu coração, eu tive de mudar algumas coisas, além de compreender que estar em casa não era a mesma coisa que trabalhar, mas era um ministério. Então eu precisava ter prazer em cada atividade.

Como não tive muitas experiências de pai e mãe em uma família saudável, precisava escrever o que eu tinha de fazer — as coisas mais simples, como ir ao parque, por exemplo. Eu também sabia que era necessário ter tempo de leitura bíblica com o meu filho, mesmo que ele ainda não soubesse ler.

Infelizmente, no início, eu ainda tinha uma visão muito distorcida. Por isso, foi necessário que eu educasse a mim mesma antes de educar o meu filho. A minha rotina mudou muito, passei por uma transformação, como se uma chave tivesse virado na minha mente, e adaptei inúmeras coisas. Constantemente, precisava me lembrar de que viver em família era um ministério, um chamado, e, por isso, tive de ser mais intencional. Até escrevia e recitava versículos para decorar e absorver aquela verdade.

por **Paula Yamamoto**

7 a 12 anos

É muito importante compreender a mudança de fase e se adaptar a ela. Quando meus filhos eram pequenos, eu aproveitava todas as oportunidades para orar, seja por eles ou pela família, por motivos específicos. Eu orava o tempo todo, enquanto amamentava, enquanto lavava as roupinhas, enquanto os fazia dormir... Como tudo muda bastante, ainda costumamos aproveitar todas as oportunidades, já que não dependemos de um horário específico e podemos permanecer nesse caminhar espiritual, andando com Deus.

Mas, quando as crianças começam a crescer, precisamos perceber essa mudança e ser intencionais. Não tem como fugir disso. É necessário lembrar que manter o Senhor no centro da nossa vida impacta a nossa saúde. Se não estivermos bem, nossa família também não estará e acabará vivendo esse impacto.

Para passar esse princípio para os nossos filhos, temos de inserir Deus nas decisões do dia a dia, como escolher certos amiguinhos — explicando a eles que algumas companhias não fazem bem —, orar quando alguém estiver triste ou doente e quando precisarmos decidir em qual compromisso devemos ir. Criar esse senso crítico em nossos filhos faz parte da intencionalidade em manter o Senhor no centro da vida deles, entendendo que se trata de algo contínuo e que, à medida que crescem, podem ter cada vez mais profundidade e abrir mão de alguns padrões. Conforme nossos filhos crescem, também crescem em Deus.

por **Vanessa Dantas**

12 a 18 anos

Na nossa casa, costumamos compartilhar esses momentos no fim do dia. Geralmente, durante a refeição que fazemos juntos, meus filhos têm a chance de compartilhar aquilo que o Senhor falou com eles durante o devocional. O momento da cozinha já virou uma rotina em nosso lar. Sempre tenho um dos meus filhos comigo conversando e me ajudando enquanto preparo o jantar. Nesse momento, faço perguntas que tragam respostas que vão além do "sim" e do "não", e então posso ajudá-los a enxergar o Senhor nas situações que eles passam. Assim, meus filhos vão aprendendo em um momento descontraído e divertido.

Eu acredito que essa intencionalidade traz o Senhor para o centro. Se aconteceu algo ruim, pergunto como eles podem ver Deus agindo, como podem enxergá-lO na situação. Se tiveram uma conversa difícil, tento fazê-los pensar se o Senhor diria para responderem de forma diferente — seja a um amigo ou a um líder.

Nessa fase em que já estão mais velhos, nosso papel é ajudá-los a trazerem o Senhor para o centro de sua vida.

por **Jackeline Hayashi**

ANOTAÇÕES

OS PRINCÍPIOS E VALORES QUE REGEM E MOLDAM NOSSO LAR DEVEM SER AQUELES QUE COMPÕEM O REINO DE DEUS.

CAPÍTULO 3

QUEM FAZ O QUÊ?

PARTE 1

por **Vanessa Dantas**

Minha fé em Cristo começou aos 7 anos, e, desde então, valorizo profundamente a ideia de construir algo com outras pessoas, não pelas minhas próprias forças. Sempre faço questão de reforçar uma verdade essencial: em nossa casa, somos cinco — Deus, Anderson, eu, Gustavo e Felipe.

Antes de formar uma família e ter filhos, cada casal deveria passar por um processo de alinhamento, em que suas expectativas e experiências são discutidas e entendidas. Esse alinhamento é crucial, pois prepara o casal para os desafios que enfrentarão juntos, de modo semelhante à preparação de um soldado para a guerra, na qual ele busca a recompensa de seu esforço e dedicação. Esse período de alinhamento permite que o casal estabeleça uma base sólida para a vida a dois, construindo uma fundação de comunicação, compreensão e compromisso mútuo.

Investir tempo em conversas e leitura, tanto da Bíblia quanto de outros livros, contribuirá para o estabelecimento dos princípios e valores que guiarão a família. Dessa forma, estarão mais preparados para receber a herança prometida, os filhos.

É essencial compreender que a discussão sobre a criação de filhos está intrinsecamente ligada ao casamento. Os filhos são frutos de uma relação de amor, ou, pelo menos, deveriam ser — independentemente de serem biológicos, adotivos ou gerados em outras circunstâncias.

> *Herança do Senhor são os filhos; o fruto do ventre, seu galardão. Como flechas na mão do guerreiro, assim são os filhos da sua mocidade. Feliz o homem que enche deles a sua aljava; não será envergonhado, quando enfrentar os seus inimigos no tribunal.* (Salmos 127.3-5)

A Bíblia afirma claramente que os filhos são uma herança valiosa, uma recompensa concedida por Deus. Ao nos comparar a guerreiros que seguram flechas em suas mãos, as Escrituras nos lembram de que o nosso papel não é somente ter a aljava cheia, mas preparar e lançar indivíduos fortes como agentes de transformação nesta Terra.

AMOR IMATURO X AMOR MADURO

Na segunda parte deste capítulo, vamos abordar o papel de cada um dentro da família. No entanto, antes de mergulharmos nesse assunto, eu gostaria de destacar a importância do amor maduro e da comunicação no relacionamento entre o casal.

Você já refletiu sobre como, quando éramos crianças, não conhecíamos o amor? Em seu livro *Os quatro amores*, C. S. Lewis explora esse assunto e pontua que nós conhecemos tal sentimento por meio da afeição de nossos pais; um amor humilde, baseado na entrega, que ficou guardado em nossa memória. Recebíamos amor sem fazer muito esforço, pois as primeiras experiências surgiam naturalmente em meio às nossas necessidades; éramos alimentados quando tínhamos fome, acolhidos quando estávamos tristes, aquecidos quando sentíamos frio... Todas essas expressões eram genuínas e indispensáveis para manifestar o amor. Porém, conforme amadurecemos e compreendemos melhor o mundo e o nosso papel como indivíduos, começamos a perceber manifestações mais complexas — enxergamos amor na correção, na permissão, na permanência, nas oportunidades de sermos esticados. Podemos concluir que, diante da imaturidade, nosso amor é fundamentado nas nossas próprias necessidades e desejos.

Em famílias com pais desestruturados, nas quais as necessidades básicas da criança não são atendidas e ela é ignorada, podem surgir duas reações futuras diante da falta desse primeiro amor. Talvez algumas pessoas busquem chamar a atenção incessantemente para serem vistas e reconhecidas em suas necessidades, enquanto outras podem internalizar a crença de que não são importantes e de que terão de se virar sozinhas, perdendo a confiança no outro e acreditando que o amor é inatingível. É possível que a ausência dessa resposta adequada também leve ao desenvolvimento de adultos imaturos, cuja visão sobre o amor é distorcida, baseada em trocas e interesses próprios, perpetuando a mentira de que só serão capazes de merecê-lo mediante ações específicas.

Essa é uma armadilha que o Diabo tenta colocar em nossas mentes — a ideia de que, para receber o amor de Deus, devemos realizar muitas coisas, a fim de nos fazermos merecedores. Infelizmente, acabamos levando essa mentalidade para dentro de nossas famílias. Mas, como pais, nosso papel é refletir o amor incondicional e sacrificial do Senhor, fundamentado na Verdade, e não na injustiça.

DIANTE DA IMATURIDADE, NOSSO AMOR É FUNDAMENTADO NAS NOSSAS PRÓPRIAS NECESSIDADES E DESEJOS.

O amor imaturo

Em 1 João 4.18, lemos que aquele que não está aperfeiçoado no amor vive com medo; e o medo produz castigo. Essa passagem nos alerta sobre a existência de um amor que é aperfeiçoado e sobre como o medo nos leva a um ciclo de punição e nos aprisiona na ideia de merecimento e castigo — o que revela um amor a ser desenvolvido.

> *No amor não existe medo; pelo contrário, o perfeito amor lança fora o medo. Porque o medo envolve castigo, e quem teme não é aperfeiçoado no amor.* (1 João 4.18)

O amor imaturo expressa: "Eu te amo porque você me satisfaz. Eu preciso desse amor. Eu **preciso** de você". No entanto, como destacado em 1 João, todo amor precisa passar por um processo de amadurecimento. Observamos facilmente esse padrão em relacionamentos entre pais e filhos, nos quais o amor muitas vezes é visto como uma troca: "Se eu dou algo a você, preciso ser correspondido".

Podemos exemplificar isso ao pensar no caso de um filho que não teve um bom rendimento na escola. Diante de sua "falha", ele é privado de atenção, provisão ou, até mesmo, amor. A lógica é: "Uma vez que não atingiu o rendimento esperado, ficarei sem falar com você durante uma semana". Algo semelhante pode acontecer também por parte da criança. Quando ela pede um presente e não tem resposta positiva, tenta chamar a atenção dos pais, ficando sem comer ou se descontrolando emocionalmente.

Em sua imaturidade, o filho não sabe o que realmente é necessário, por isso cabe a nós, pais, o difícil papel de demonstrar nosso amor por meio dos limites, ou seja, dizendo "sim" ou "não" diante da pressão — que, muitas vezes, pode nos levar a ceder a certos caprichos. No entanto, sempre que cedemos, passamos a mensagem de que somos inseguros e de que as crianças já podem tomar certas decisões por conta própria, sem terem construído coisa alguma ou pagado o preço necessário para isso.

Filhos precisam de limites e percebem quando isso não existe dentro de casa. Na ausência de controle paterno, eles farão de tudo para chamar a atenção, utilizando-se de argumentos obsoletos para conseguir o que querem. O que estão reivindicando, na verdade, é a atenção, um amor simples e singelo, mas sacrificial.

O amor é insubstituível

Acho importante mencionar o cuidado que devemos ter quando os pais são separados. Não permita que uma desavença com o pai ou com a mãe de seu filho, ou a ausência diária, prive a criança de ter você por inteiro. Quando for o seu dia de estar com ela, dedique-se ao máximo e esteja presente por completo. Meu marido conta uma experiência interessante que teve em sua infância. Seus pais se separaram quando ele tinha cinco anos de idade, então seu pai passou a buscar ele e o irmão para passear, de acordo com o tempo que havia sido determinado pelo juiz. Ao voltar para casa, o Anderson sempre chegava com um bolo de dinheiro e escondia num buraquinho do sofá. Um dia, minha sogra, limpando a sala, observou que tinha um furo no estofado e, ao tentar costurar, encontrou vários bolinhos de dinheiro guardados ali.

A questão é: o Anderson tinha apenas cinco anos e não sabia usar o dinheiro; além disso, ele se lembra de poucos momentos com o pai nesse período. Agora, pense comigo, uma criança, ainda na segunda infância, não precisa de dinheiro; precisa de amor, exemplo, atenção e até correção. Não é porque o tempo com seu filho diminuiu que você não pode marcar o coração dele. Divorciados ou não, podemos ser criativos em aproveitar esses momentos para estar por inteiro com as crianças, em vez de fazê-las disputarem nossa atenção com celulares ou com outras pessoas.

Nossos filhos nunca devem ser privados de nossa companhia por causa de um rompimento familiar. Infelizmente, eles sofrem muito com o divórcio — e isso é inevitável —, porém não podemos deixar que a imaturidade em amar ou até mesmo a culpa nos façam ter atitudes desnecessárias que levem as crianças a acreditarem que o amor é uma troca.

Sugestão de leitura

Limites: quando dizer sim, quando dizer não, por Henry Cloud e John Townsend.

O amor maduro

O amor maduro expressa: "Eu te amo tanto, por isso **quero** estar contigo". Ou seja, "Desejo construir minha vida ao seu lado e, por isso, me entrego em amor". Esse amor não é regido pela necessidade, mas pelo simples fato de que somos amados, portanto, devemos amar (cf. 1 João 4.19).

É curioso pensar que essa expressão está intimamente ligada à ideia de Graça: o favor imerecido. Costumo falar para os meus filhos que eles recebem o favor que não merecem, pois esse amor maduro que podemos ter é o mesmo que Jesus tem por nós (sacrificial e incondicional).

É verdade que existem fases, como em toda casa, em que os filhos discutem mais, a ponto de se desrespeitarem — vale dizer que, para mim, o lar é o lugar para aprender a se posicionar e discutir sem perder o respeito. Quando isso acontece, a nossa vontade como pais é punir os filhos, privando-os de algo, a fim de ensiná-los e corrigi-los (o que realmente seria propício no momento). No entanto, se eles recebem um agrado, meu marido e eu aproveitamos a oportunidade para dizer:

"Vocês estão ganhando isso porque vivem na 'época da Graça', ou seja, vocês não mereciam, mas o nosso amor não é condicional, não depende do que fazem ou deixam de fazer; nosso amor está relacionado a quem vocês são para nós; é incondicional, assim como o amor de Deus. Por isso, papai e mamãe decidiram que vocês poderão usufruir disso, agora".

Entenda, eu acredito que a meritocracia é uma boa ferramenta para estimular os filhos a atingirem novos níveis ou até mesmo seguirem com as obrigações e cumprirem as regras estabelecidas no lar, mas quero encorajar você a aproveitar circunstâncias como a que mencionei para ser a expressão do amor de Deus em sua família. "Como o Senhor agiria nesse momento?". É isso o que costumo me questionar. Não quero ser nem mais nem menos do que os meus filhos precisam que eu seja, mas isso só é possível se eu perguntar a Deus o que devo e não devo fazer diante das situações, pois Ele sabe exatamente o que tem de ser forjado nos meninos para que tenham um caráter aprovado (cf. Romanos 5.4-5).

Faço uma pergunta sincera a você: onde foi que nos perdemos? De repente, passamos a permitir que nossos filhos troquem de celular a cada ano e decidam a marca de roupa que usarão, sem terem trabalhado para conquistar, sem terem construído seu pé de meia ou aprendido a usar o dinheiro de forma responsável. Muitas vezes são eles que escolhem o país a ser visitado na próxima viajem, e nem sequer têm noção do preço pago por tal conquista.

Passar por frustrações pode forjar o caráter de uma criança, e é papel dos pais, em amor, usar as situações para ensiná-la a lidar com isso. Quando nossos filhos têm um brinquedo quebrado por um amiguinho, por exemplo, logo nos prontificamos, dizendo que compraremos outro, em vez de aproveitarmos a situação para apresentar a eles a realidade. Poderíamos dizer: "Que pena, meu filho, ele quebrou e você terá de ficar sem, mas isso pode acontecer quando emprestamos alguma coisa".

Eu me lembro que, quando os meus filhos tinham por volta de sete anos, eles fizeram um teste para entrar em um time de futebol na cidade de São Paulo. Naquele dia, acordamos felizes, com grandes expectativas! O Anderson e eu aproveitamos para dizer que aquele seria apenas um teste, pois eles ainda tinham sete anos e poderiam viver muitas outras avaliações na vida. Aquela deveria ser uma experiência legal, em que eles se divertissem. Assim, os meninos escolheram o uniforme de futebol e a chuteira de que mais gostavam para que pudéssemos ir.

O teste foi puxado, eles jogaram debaixo do sol, com jogadores mais velhos, e, durante as tentativas de conhecer o jogo dos meus filhos, o técnico foi selecionando meninos mais novos, mas no final do dia, já quase escurecendo, eles receberam um "não". As palavras que ouvimos foram mais ou menos assim: "Acredito que não seja o momento de eles entrarem num time, por isso sugiro que façam uma escolinha e retornem ano que vem". Como você pode imaginar, foi uma frustração, porém rapidamente meu marido e eu reagimos e dissemos aos nossos filhos que eles poderiam melhorar para um próximo teste. Nós não reivindicamos, muito menos reclamamos com o técnico afirmando que os meninos eram "prodígios"; reconhecíamos a realidade e sabíamos o quanto aquela resposta negativa poderia ser útil para eles. Afinal, a frustração nos faz fortes e, se bem aplicada, permite o nosso amadurecimento.

Quando percebemos que nosso amor se tornou livre de caprichos e vontades egoístas, começamos a experimentar mais solidez em nossos relacionamentos. Com o tempo, percebemos que, se os dois lados da relação estiverem completos, esse amor passará pelo amadurecimento necessário, olhando para o que é eterno.

> **Acredito que demonstrar esse amor maduro aos nossos filhos pequenos é encontrá-los no lugar onde estão e levá-los para onde devem chegar.**
>
> *por* **Junia Hayashi**

O amor de Deus

Em 1 Coríntios é mencionado que conhecemos apenas **em parte**. Ou seja, não conhecemos completamente (cf. 1 Coríntios 13.12); isso torna o amor imperfeito, mas prazeroso e dinâmico, pois sempre que nos entregamos por completo, descobrimos coisas novas ao nos relacionarmos com Deus e com as pessoas. O amor é uma Pessoa! Deus é amor! Um amor perfeito, maduro, que traz liberdade! E Ele Se fez carne, deixando-nos um modelo que o Apóstolo Paulo descreve em 1 Coríntios 13.4-13.

> *O amor é* ***paciente*** *e* ***bondoso****. O* ***amor não arde em ciúmes, não se envaidece, não é orgulhoso, não se conduz de forma inconveniente, não busca os seus interesses, não se irrita, não se ressente do mal****. O amor* ***não se alegra com a injustiça****, mas* ***se alegra com a verdade****. O amor* ***tudo sofre, tudo crê, tudo espera, tudo suporta****. O amor* ***jamais acaba****. Havendo profecias, desaparecerão; havendo línguas, cessarão; havendo ciência, passará. Pois o nosso conhecimento é incompleto e a nossa profecia é incompleta. Mas, quando vier o que é completo, então o que é incompleto será aniquilado. Quando eu era menino, falava como menino, sentia como menino, pensava como menino; quando cheguei a ser homem, desisti das coisas próprias de menino. Porque agora vemos como num espelho, de forma obscura; depois veremos face a face. Agora meu conhecimento é incompleto; depois conhecerei como também sou conhecido.* ***Agora, pois, permanecem a fé, a esperança e o***

> ***amor, estes três; porém o maior deles é o amor.*** (grifos nossos)

Ao ler essa passagem, gostaria que você visse Deus em seu próprio ser, sem tentar cumprir essas características com suas forças, mas permitindo que Ele o ajude a identificar o nível de maturidade de seu amor.

Para avançarmos na nossa discussão, é crucial esclarecermos essa verdade sobre o amor de Deus para com a humanidade. Quando compreendemos o amor maduro e livre com o qual o Senhor nos ama, estamos aptos a receber e a compartilhá-lo. É importante estar atento pois, ao se casar, a prioridade correta continua sendo amar a Deus acima de todas as coisas e ao próximo como a si mesmo.

> *Portanto, ame o Senhor, seu Deus, de todo o seu coração, de toda a sua alma e com toda a sua força. Estas palavras que hoje lhe ordeno estarão no seu coração. Você as inculcará a seus filhos, e delas falará quando estiver sentado em sua casa, andando pelo caminho, ao deitar-se e ao levantar-se. Também deve amarrá-las como sinal na sua mão, e elas lhe serão por frontal entre os olhos. E você as escreverá nos umbrais de sua casa e nas suas portas.* (Deuteronômio 6.5-9)

SEMPRE QUE NOS ENTREGAMOS POR COMPLETO, DESCOBRIMOS COISAS NOVAS AO NOS RELACIONARMOS COM DEUS E COM AS PESSOAS.

No casamento, é primordial destacar que a pessoa que você deverá seguir e servir, abaixo do Senhor, é o seu **cônjuge**. Caso contrário, haverá muitas vozes influenciando o casamento e a criação dos seus filhos. O foco principal para o homem não será mais seu pai e sua mãe, mas, sim, a mulher que escolheu como sua companheira. Da mesma forma, para a mulher, não serão mais seus irmãos, pais ou outras amizades; o mais importante será o homem que agora se tornou seu parceiro.

Deus nos criou para vivermos em comunidade e estabeleceu a família como expressão do Seu amor e representação do Seu Reino aqui na Terra. Eu acredito que a família deva ser a base da sociedade e governar a Terra por meio do amor de Cristo, da verdade da Sua Palavra e do poder do Espírito Santo. É na família que se estabelecem os princípios e valores que moldarão o futuro dos filhos.

CRIANDO FILHOS DE PROPÓSITO

COMO ENSINAR E DEMONSTRAR UM **AMOR MADURO PARA QUE MEU FILHO COMPREENDA E APRENDA** COM ISSO?

É muito importante que nos abaixemos para conversar na mesma altura da criança, mas temos de lembrar que mesmo quando igualamos a altura, nós, os pais, ainda somos autoridade na vida delas. Entendo que demonstrar esse amor maduro aos nossos filhos pequenos é encontrá-los no lugar onde estão e levá-los para onde devem chegar. Assim, eu me abaixo e encontro meu filho, criando essa identificação. Mas, no fim, eu me levanto digo, figurativamente: "Agora, você vem comigo, porque eu sou autoridade sobre sua vida por isso sou capaz de guiar-lhe".

Não podemos *entrar na onda* deles. Eu sei que, principalmente com crianças pequenas, isso é mais difícil. Costumamos estar mais cansados, porque essa fase requer uma demanda física muito intensa. Contudo, se nossos filhos têm uma crise, não podemos ter outra em cima deles. O nosso amor maduro precisa encontrá-los e trazer serenidade para a situação.

Para conseguir acalmar uma criança e diminuir sua explosão, você pode conversar com ela, mas, entre 0 e 7 anos, não é possível usar apenas palavras. Ou seja, precisa existir alguma coisa física para que ela entenda — pode ser um abraço após a correção, por exemplo. É claro que isso é importante em todas as outras idades, mas, nessa fase, a capacidade cognitiva está sendo formada. Então, embora eles consigam compreender um comando, talvez não entendam porquê da correção. Sendo assim, unir a fala com a expressão de amor, proteção e cuidado é de grande importância.

por **Junia Hayashi**

Na fase dos 7 aos 12 anos, nossos filhos ainda não são adolescentes, mas também não são mais bebês. Então, o amor maduro precisa levá-los a entenderem exatamente isto: eles já não são aquela criança que precisa de ajuda para tomar banho (precisa existir um certo nível de independência); porém também não são adolescentes.

O problema é que, hoje, na sociedade em que vivemos, estão sempre tentando levar nossas crianças a uma "adultização". Por isso, como armadura, devemos ensiná-las sobre o tempo, lembrando que há tempo para todas as coisas (cf. Eclesiastes 3).

Geralmente, na primeira infância, nossos filhos já têm o conhecimento da Verdade, mas, dos 7 aos 12 anos, eles passam a ter entendimento do que é amor. Eles já conseguem compreender quem é Deus Pai, Deus Filho e Deus Espírito Santo. Costuma ser nessa fase que vivem o Novo Nascimento e o batismo com Espírito Santo, porque já conseguem ter mais entendimento de todo o conhecimento que adquiriram.

Se essa compreensão for gerada entre os 7 e os 12 anos, ao chegarem à adolescência, nossos filhos agirão com sabedoria. Acredito que o amor maduro nessa fase traz entendimento às crianças.

por **Jackeline Hayashi**

Como adulto, você não pode se deixar levar pela expressão de desconforto do seu filho adolescente. Então, quando for confrontá-lo ou discipliná-lo diante de uma rebeldia, por exemplo, é necessário olhar para a situação e não gritar, nem se portar da mesma forma que ele — mesmo que, às vezes, a nossa tendência seja querer guerrear com os filhos.

Uma estratégia muito mais sábia e madura de demonstrar o amor é olhar para o adolescente e dizer: "Você se acalmou, então agora podemos conversar; caso não tenha se acalmado, vou lhe dar cinco minutos e, depois, podemos nos sentar para conversar". Dessa forma, você mostra que aquela atitude do adolescente é mais comum quando parte de uma criança.

É importante verbalizar isso, demonstrando ao seu filho que você reconhece que ele já tem maturidade e que vocês podem conversar em um outro nível — que não era possível antes da adolescência. Acredito que isso aquiete os corações. É possível disciplinar e, ao mesmo tempo, mostrar que a partir daquele momento algumas ações serão diferentes.

por **Paula Yamamoto**

ANOTAÇÕES

DEUS NOS CRIOU PARA VIVERMOS EM COMUNIDADE E ESTABELECEU A FAMÍLIA COMO EXPRESSÃO DO SEU AMOR E REPRESENTAÇÃO DO SEU REINO AQUI NA TERRA.

CAPÍTULO 4

QUEM FAZ O QUÊ?

PARTE 2

por **Vanessa Dantas**

É fato que a disfunção familiar é prevalente em todo o mundo, e que a falta de padrões saudáveis encoraja mais desafios nas famílias. Eu entendo que somos moldados pelo ambiente em que crescemos, bem como pelas experiências que acumulamos ao longo da vida — isso inclui a influência da sociedade em que vivemos e das crenças que nos orientam. Não atribuo à minha família o peso ou a culpa pelas dificuldades que enfrentei, nem mesmo ao meu casamento, pois reconheço minha parcela de responsabilidade em meu próprio percurso. A boa notícia é que existe um modelo divino, desenhado por Deus para a humanidade.

Cresci em uma família de forte presença feminina, na qual as mulheres exerciam grande influência sobre as decisões do lar. Elas eram e continuam a ser figuras fortes, batalhadoras e independentes. Por isso, os papéis na minha família eram trocados; quando criança, não havia clareza sobre as responsabilidades de cada um em casa, e a falta de uma gestão financeira adequada acabou por nos causar alguns danos. Desde cedo, ouvi que eu deveria trabalhar para me sustentar e não depender de homens, que precisava me preparar para educar e cuidar de meus filhos (uma história longa que talvez eu compartilhe em um próximo livro).

Qual seria, então, o papel dos pais na criação dos filhos? Assim como na Trindade, em que Deus Pai, Deus Filho e Deus Espírito Santo agem de forma específica e em unidade, o mesmo deve acontecer na família. Pai, mãe e filhos devem exercer seus papéis em unidade e cumprir suas responsabilidades, conforme escrito na Palavra, em Efésios 5.21-33:

> *Sujeitem-se uns aos outros no temor de Cristo. Esposas, que cada uma de vocês se sujeite a seu próprio marido, como ao Senhor; porque o marido é o cabeça da esposa, como também Cristo é o cabeça da igreja, sendo ele próprio o salvador do corpo. Como, porém, a igreja está sujeita a Cristo, assim também a esposa se sujeite em tudo ao seu próprio marido. Maridos, que cada um de vocês ame a sua esposa,*

> *como também Cristo amou a igreja e se entregou por ela, para que a santificasse, tendo-a purificado por meio da lavagem de água pela palavra, para a apresentar a si mesmo como igreja gloriosa, sem mancha, nem ruga, nem coisa semelhante, porém santa e sem defeito. Assim também o marido deve amar a sua esposa como ama o próprio corpo. Quem ama a esposa ama a si mesmo. Porque ninguém jamais odiou o seu próprio corpo. Ao contrário, o alimenta e cuida dele, como também Cristo faz com a igreja; porque somos membros do seu corpo. Eis por que "o homem deixará o seu pai e a sua mãe e se unirá à sua mulher, tornando-se os dois uma só carne". Grande é este mistério, mas eu me refiro a Cristo e à igreja. No entanto, também quanto a vocês, que cada um ame a própria esposa como a si mesmo, e que a esposa respeite o seu marido.*

De todas as missões que um homem e uma mulher podem ter, nenhuma é mais vital e relevante do que criar e educar seus filhos. Como pais, nós somos a primeira expressão de amor que nossas crianças conhecem, e eu acredito que o amor deva ser experimentado de forma cada vez mais clara, respeitando os limites de cada idade. Ao longo deste livro, você aprenderá como fazer isso. O que posso dizer agora é que os pais devem ter como modelo o amor divino pela humanidade, exemplificado em Jesus Cristo.

DE TODAS AS MISSÕES QUE UM HOMEM E UMA MULHER PODEM TER, NENHUMA É MAIS VITAL E RELEVANTE DO QUE CRIAR E EDUCAR SEUS FILHOS.

Assim como no Reino de Deus, em que há hierarquia, ordem e atributos específicos, aplicamos esses princípios de forma prática e saudável na família — qualquer desvio trará um peso desnecessário. Costumo dizer que: "Se estiver pesado demais, é porque você não está ocupando o lugar correto".

> — *Venham a mim todos vocês que estão cansados e sobrecarregados, e eu os aliviarei. Tomem sobre vocês o meu jugo e aprendam de mim, porque sou manso e humilde de coração; e vocês acharão descanso para a sua alma.* (Mateus 11.28-29)

A família não é um campo de competição. Resolva seus problemas rapidamente, primeiro com o Senhor e, depois, se necessário, com seu cônjuge, mas longe dos olhos e ouvidos de seus filhos! Sempre digo que aquele que busca a cura de suas feridas e fraquezas em Deus não terá suas vulnerabilidades expostas. Seus filhos não precisam testemunhar ou saber de todas as suas lutas e fraquezas, a menos que seja necessário para ensiná-los de forma prática. Embora não sejamos perfeitos, podemos buscar saúde emocional e espiritual, oferecendo às crianças ensinamentos e oportunidades de restauração sempre que possível. Essa busca torna uma família saudável, pois compreendemos que o Senhor nos capacita para a jornada de educar e amar. Mais do que qualquer artifício, precisamos de Deus na criação dos nossos filhos; a capacitação que recebemos d'Ele nos ensina e é verdadeira.

> *[...] A unção que receberam dele permanece em vocês, e não precisam que alguém os ensine. Mas, como a unção dele os ensina a respeito de todas as coisas, e é verdadeira, e não é falsa, permaneçam nele, como também ela ensinou a vocês.* (1 João 2.27)

O PAPEL DO PAI

Além de amar, suprindo as necessidades básicas de acordo com o crescimento dos filhos, o pai é aquele que provê e instrui. Prover é oferecer amor, segurança, moradia e conhecimento. Instruir é guiar, ser um exemplo vivo, como um manual de instruções ambulante. Quando falo de "modelo", não me refiro ao perfeito, mas, sim, ao exemplo de coração justo, temeroso, amoroso e íntegro.

O maior legado que um pai pode deixar para seus filhos não são bens materiais ou dinheiro, mas exemplo de caráter e princípios. Se você perguntar a pessoas que perderam seus pais a respeito das marcas que eles deixaram em sua vida, muitas mencionarão a importância da moral e do caráter que receberam como herança.

O MAIOR LEGADO QUE UM PAI PODE DEIXAR PARA SEUS FILHOS NÃO SÃO BENS MATERIAIS OU DINHEIRO, MAS EXEMPLO DE CARÁTER E PRINCÍPIOS.

A criação

> *E vocês, pais, não provoquem os seus filhos à ira, mas tratem de* ***criá-los na disciplina e na admoestação do Senhor****.* (Efésios 6.4 – grifo nosso)

Nesse versículo, o Apóstolo Paulo se refere aos pais, à figura masculina do lar. Ele destaca que a responsabilidade primária de criar os filhos recai sobre o homem. Hoje, vemos muitos terceirizarem o papel fundamental de educar, sobrecarregando mães ou permitindo que terceiros, como babás e avós, assumam esse encargo. A omissão dos pais resulta em filhos sem identidade, inseguros e com problemas de caráter.

No entanto, antes de abordar as responsabilidades dos pais, o Apóstolo Paulo enfatiza que eles não devem provocar ira em seus filhos. Isso está relacionado ao caráter da figura masculina e à consistência de seu exemplo de vida, uma vez que a falta de integridade produz ira. Além disso, pais não devem comparar um filho ao outro, pois cada um possui sua própria personalidade e temperamento. Embora possamos exigir o mesmo empenho, compará-los causa feridas emocionais profundas.

Paulo também enfatiza a importância da disciplina e do estabelecimento de limites claros e consistentes.

Isso inclui dizer "sim" e "não", além da admoestação verbal quando necessária. A **comunicação** é essencial para qualquer relacionamento; muitos pais estão presentes fisicamente, mas distantes emocionalmente de seus filhos devido à falta de diálogo.

Falar sobre assuntos fáceis ou difíceis dentro de casa é primordial, ainda mais quando as conversas partem da voz paterna, que traz segurança e força para que os filhos não negociem os princípios estabelecidos no lar. Há uma frase, recorrentemente atribuída a Agostinho de Hipona, que carrega uma grande verdade sobre esse assunto: "Um pai deve educar seus filhos 20 anos antes de eles nascerem". Isso destaca a importância da preparação paterna e da busca, em Deus, por orientação para educar. Incentivo você a agendar em seu calendário pessoal um tempo de qualidade e uma conversa com cada um de seus filhos de forma recorrente, pois eles são sua **prioridade**.

A correção

Vivemos na era dos hedonistas, que procuram o prazer imediato e negligenciam o amor verdadeiro e sacrificial. No entanto, é esse amor que corrige e ensina, assim como o amor de Deus por nós. Filhos bem-educados trazem alegria aos pais e honram seus avós.

Partindo do princípio de que os pais conhecem o amor maduro e livre mencionado em 1 João 4.18 e 1 Coríntios 13.4-13, eles não serão omissos ao observarem mentiras e falhas de caráter em seus filhos. São os pais que guiam o coração das crianças em direção ao caráter de Cristo, proporcionando segurança física, intelectual e emocional. Anderson e eu gostamos de aproveitar as situações do dia a dia, nas quais vemos falhas de caráter em nossos filhos, para ensiná-los e corrigi-los. Fazíamos isso mesmo quando eram pequenos, sem normalizar a situação, mas corrigindo a natureza caída que herdamos desde a queda do homem no Jardim do Éden.

Uma vez, na época em que os meninos ainda eram pequenos, visitamos um casal de amigos que há muito tempo não víamos. Eles tinham filhos da mesma idade que os nossos, e passamos um tempo bastante especial juntos; as crianças se deram muito bem e brincaram a noite toda. O Bernardo, filho mais velho desse casal, gostou tanto dos novos amigos que, como forma de generosidade e hospitalidade, deu um bonequinho da sua caixa de brinquedos para eles. Porém, quando fomos embora e entramos no carro, observei que um dos meus filhos estava com o bolso cheio, e a carinha dos dois demonstrava que tinham feito algo errado. Achamos estranho, porque tínhamos visto o amiguinho entregar apenas um boneco e, ainda dentro do carro, antes de partirmos para casa, ligamos para nosso amigo para perguntar se o Bernardo havia dado mais algum brinquedo aos meninos. O meu amigo riu de forma a compreender o que estava acontecendo, disse que seu filho tinha ficado muito feliz em conhecer o Gu e o Fe, mas que havia dado apenas um bonequinho.

Naquele momento, meu marido e eu olhamos um para o outro e respiramos fundo. Anderson explicou aos meninos o que era um roubo, dizendo que era errado pegar uma coisa de outra pessoa sem autorização. Depois, perguntou para o Gustavo e para o Felipe: "Papai precisa saber se vocês pegaram escondido os outros bonequinhos; porque, se vocês tiverem feito isso, terão de pedir desculpas e devolver. Tudo o que é feito escondido traz vergonha, então, caso não contem a verdade, o papai terá que ligar para a polícia, pois são eles que resolvem uma situação como esta". Após essa fala, obviamente eles disseram a verdade, e encontramos meus amigos para que os meninos pudessem devolver os brinquedos e pedir desculpas. Anderson aproveitou a oportunidade para corrigir o coração de nossos filhos. Nem sempre estaremos com eles para alinharmos os pensamentos, por isso, ao nos depararmos com situações como essas, ainda que inofensivas, temos de aproveitar.

A integridade e a segurança emocional

O pai de um menino deve ser exemplo de integridade e de marido, um homem de honra, caráter e temor a Deus. Ele deve ser forte, corajoso e resiliente diante das adversidades. Por outro lado, o pai de uma menina deve ser exemplo de segurança e amor por meio do seu relacionamento com a mãe dela. Ele deve amar sua esposa e se sacrificar por ela como Jesus Se entregou pela Igreja.

Quero compartilhar outra experiência que meus meninos tiveram com o pai para ilustrar a importância dessa segurança emocional. Quando morávamos em Londrina, no Paraná, meus filhos tinham cerca de quatro ou cinco anos, e frequentávamos uma lanchonete com um parquinho atraente para crianças. Lá, havia uma personagem apelidada de "Mimosa", que interagia com as crianças, chamando-as para dentro da lanchonete. Embora os meninos interagissem com a Mimosa quando estávamos na rua ou dentro do carro, eles se sentiam desconfortáveis e tinham medo sempre que estavam mais próximos dela.

Em um dos dias em que decidimos entrar para experimentar o lanche, meus filhos ficaram apavorados ao perceberem onde estavam e não quiseram se aproximar da Mimosa. Meu marido percebeu a insegurança deles e, com determinação, disse olhando em seus olhos: "O papai não vai deixar que nada aconteça com vocês. Podem brincar que eu estarei aqui para protegê-los". Eles se sentiram seguros e brincaram no parquinho, afastados da Mimosa.

No entanto, quando meu marido precisou comer seu lanche, meu filho Gustavo ficou bravo e quis ir embora, pois sentia que a segurança que o pai representava estava comprometida. Foi então que, de maneira espontânea, meu marido fez uma brincadeira com minha mãe, transferindo simbolicamente seu "poder de proteção" para ela na frente das crianças. Com isso, elas voltaram a brincar normalmente.

Essa atitude gerou uma sensação de segurança em meus filhos, mostrando como a confiança no pai (sua presença e seu exemplo) é essencial para a vida emocional deles. Pais seguros geram filhos seguros; da mesma forma, pais inseguros tendem a criar filhos inseguros.

O PAPEL DA MÃE

Um dos principais papéis da mãe é abastecer o filho de amor e cuidar das suas necessidades básicas. Talvez um dos piores sentimentos que as mães enfrentem seja a insegurança; ela rouba nossa confiança, paz e liberdade. Diante das muitas teorias sobre a criação dos filhos, a Bíblia oferece respostas para tudo. Ela reconhece o valor da mãe e a importância de seu trabalho.

A reafirmação da voz de Deus

O primeiro passo para toda mãe é ouvir **de Deus** o que Ele pensa a respeito de seu filho. No livro de Atos, no capítulo 7, vemos que Moisés foi mencionado como um menino extraordinário aos olhos do Senhor, mas ele não conseguiria ter realizado todos os seus feitos se Joquebede não tivesse acreditado em seu propósito (cf. Êxodo 2). A mãe é quem reafirma o que Deus representa por meio do pai, que sela e desperta o valor do filho!

Lembro-me de quando tivemos nosso primogênito e, na primeira noite em casa, olhando para meu bebê, eu me vi tomada por um sentimento de impotência e pelo peso da responsabilidade de educar e cuidar de um ser tão precioso pelo resto de minha vida. Essa sensação, muitas vezes, é inevitável, mas quanto mais preparo e oração tivermos, mais leve e prazeroso será contribuir para o bem-estar deles. Como cristãos, fomos chamados para viver pelo Espírito Santo, e não pela natureza humana. Com base nesse fundamento, que é a Palavra de Deus, conseguimos permanecer firmes em nosso propósito de educar. Você pode contar com o Senhor e Sua sabedoria para iluminar seu caminho, independentemente das circunstâncias; Ele mostrará quem você está se tornando enquanto desempenha seu papel.

A busca pela ajuda necessária

Nessa jornada, nós, mulheres, também precisamos aceitar ajuda e entender que não estamos sozinhas. Além do pai, podemos criar uma rede de apoio que represente esse sustento nos dias cansativos. Eu me encho de esperança ao ler a história de Moisés com Arão e Ur, que o sustentaram em meio à guerra (cf. Êxodo 17).

Certo dia, percebi que uma família estava chegando ao meu condomínio. Era um casal com dois filhos. Da minha varanda, ao observar a dinâmica da mudança, senti o impulso de dar-lhes as boas-vindas e preparei um bolo. Ao levá-lo até eles, a mãe olhou nos meus olhos e, emocionada, agradeceu o gesto de carinho. Eu não tinha ideia, mas a mudança não estava acontecendo em um contexto agradável. Aquele bolo trouxe paz, acolhimento e frutos para a eternidade. Pude compartilhar a Palavra em vários momentos e contribuir para a salvação, restauração familiar e adaptação deles à cidade.

Quem não gostaria de ter pessoas que, às vezes, se prontificam a ficar com seus filhos ou a lavar a louça? Pessoas sensíveis e prontas para aliviar o peso. Deixe o orgulho de lado e entenda que você não precisa dar conta de tudo sem ajuda! Isso, evidentemente, não a impede de buscar informações e conhecimento, mas seja humilde para aceitar que depende do Espírito Santo e que Deus pode usar homens e mulheres sábios para ajudá-la. A verdadeira sabedoria é buscar conselhos de pessoas mais experientes do que você.

Em uma reunião de oração das mães, na qual tive o privilégio de auxiliar a Pastora Sarah Hayashi, observei poucas mães novatas buscando conselhos com as mais velhas. Esta geração investe fortunas em conselhos de profissionais antes mesmo de ouvir suas avós e tias, que com certeza podem contribuir para sua jornada de maternidade. Profissionais têm o seu lugar, mas é importante resgatar o princípio da honra às gerações anteriores, que têm autoridade para contribuir para nosso amadurecimento.

O estabelecimento de uma dinâmica saudável e um ambiente organizado

Preciso dizer também que, como mães, devemos garantir que nossos filhos tenham uma rotina saudável, que inclua atividades, alimentação adequada, interação social e sono suficiente. Criar um ambiente agradável e propício ao desenvolvimento das crianças, bem como uma convivência harmoniosa, facilitará sua vida e garantirá que elas cresçam saudáveis em diversos aspectos.

Isso também envolve manter a casa limpa e organizada. Um ambiente bagunçado não é saudável e reflete como você lida com as questões mais desafiadoras. Cuidado! Talvez você esteja evitando enfrentar certos sentimentos ou responsabilidades, o que pode gerar culpa, comparação e julgamento desnecessários. Talvez pareça mais fácil cuidar dos outros do que de si mesmo, mas, por experiência própria, adiar seus deveres não leva a um final feliz.

O reforço e validação da figura paterna

Arrisco dizer que um dos pontos mais importantes quando falamos sobre as funções maternas seja reforçar a figura do pai e deixar claro o papel dele dentro de casa. Como minha pastora, Junia Hayashi, ilustra tão bem, o lar pode ser comparado a um campo de futebol: como mãe, você precisa garantir que o campo esteja em ordem e a bola pronta para que, ao chegar em casa, o pai possa chutar em direção ao gol! Eu sei que essa não é a realidade de todos os lares e que, por vezes, o amor sacrifical de uma mãe a faz trocar os papéis e absorver um peso indevido — ao fazer o papel do pai, por exemplo, quando ele é ausente ou falecido. É necessário, porém, devolver esse lugar a Deus e apresentá-lO aos seus filhos como o bom e perfeito Pai. Isso certamente os fará crescer na fé e ter um bom modelo de paternidade.

O preparo dos filhos para o futuro

Por fim, as mães de meninos, como eu, devem aceitar o fato de que seus filhos serão de outra mulher, diferente delas ou muito parecida; pode soar estranho, mas muitas mães acreditam que são insubstituíveis. Seus filhos podem ser tão felizes e amados quanto são por você; eles precisam ser preparados para amar uma mulher como Cristo amou a Igreja; precisam ver em casa o modelo de esposa e mãe, pois, naturalmente, buscarão isso quando forem se casar. Seria insensato comparar o amor de uma mãe ao amor de uma esposa. Por isso, é importante que ele enxergue em você alguém que respeita sua privacidade e impõe os limites necessários para que viva os processos naturais de amadurecimento que cada idade permite.

O apoio na Palavra

Não se esqueça de que o seu amor sacrificial torna você mais parecida com Cristo e que, na Bíblia, existem inúmeras passagens que podem ajudá-la em sua missão. A mãe do Rei Lemuel, em Provérbios 31, apresentou várias virtudes para que seu filho encontrasse uma boa esposa. Suas palavras também servem como um modelo de maternidade para nós.

> *Seus filhos se levantam e a chamam de bem-aventurada; seu marido a louva, dizendo: "Muitas mulheres são virtuosas no que fazem, mas você supera todas elas". Enganosa é a graça, e vã é a formosura, mas* ***a mulher que teme o Senhor, essa será louvada****.* (Provérbios 31.28-30 – grifo nosso)

ORAÇÃO

Eu oro agora para que o seu coração se abra, permitindo que o Espírito Santo encontre espaço nele, iluminando os olhos do seu entendimento e transformando sua mente, conforme descrito em Romanos 12. Declaro que as fortalezas em sua mente e as crenças contrárias ao padrão divino estão derrubadas; oro por arrependimento e por disposição para aplicar esses princípios e o padrão divino em sua casa, mesmo que o tempo pareça ter passado rápido demais e você esteja enfrentando momentos difíceis em sua vida.

O PAPEL DOS FILHOS

Podemos começar este tópico falando sobre **o que não é** papel dos filhos.

Não é papel dos filhos ditar o ritmo de uma casa, mesmo que as atividades deles a influenciem; a família é uma comunidade pequena e, diante disso, são os pais que estipulam as regras a serem seguidas para que haja saúde no lar e um bom andamento nas tarefas e nos compromissos. Portanto, espera-se que os filhos tenham um coração ensinável e obediente, pois eles possuem papel ativo dentro de uma casa saudável e precisam cumprir seus deveres escolares e atividades caseiras, de acordo com a idade. Isso inclui organizar os próprios brinquedos na infância e pagar algumas contas ao iniciarem a fase de trabalho — responsabilidades como essas nortearão sua vida quando adulto.

> **A questão da obediência deve ser mantida até o final. O que muda entre as fases é o entendimento a respeito dela.**
>
> *por* **Jackeline Hayashi**

O treino

Os filhos precisam ser incluídos aos poucos nas tarefas cotidianas, seja ajudando a varrer a casa, arrumando a cama, cozinhando ou estendendo as roupas no varal, por exemplo. É importante que eles também sejam inseridos à mesa nas refeições e participem ativamente desse momento, mesmo quando bebês. Eu amo a ideia de os restaurantes terem cadeira para crianças, porque isso permite que elas sejam parte integrante daquele momento de comunhão.

Eu sei que muitos pais alimentam seus filhos primeiro, fora da mesa — normalmente para que possam fazer sua refeição tranquilamente —, e entendo que dar de comer a crianças enquanto elas estão se desenvolvendo é um desafio, mas, se você quer que seu filho saiba conversar com pessoas mais velhas e aprenda a se portar numa mesa, comece inserindo-o nesse contexto dentro de casa, para que ele entenda o que é conveniente. Faça da sua mesa um lugar de preparação para a vida!

É em casa que podemos ensinar o que convém e dar aos nossos filhos espaço para que também falem e façam perguntas referentes ao assunto que está sendo conversado à mesa; é em casa que ensinamos a usar os talheres e a não fazer barulho ao tomar o final do suco com o canudinho. Pais, deixem que os alimentos caiam, mas ensinem; deixem que as crianças peguem a comida com mão, mas orientem-nas a usar os talheres, que é o correto; deem-lhes a oportunidade de pedir a bebida educadamente no restaurante. À mesa, conseguimos construir muitas memórias e boas maneiras, assim como desfazer maus costumes.

Certa vez, meu marido e eu fomos convidados para sermos padrinhos de um casal de amigos. Na época, meus filhos tinham entre 7 e 8 anos de idade e ficaram em uma mesa, ao lado da Pastora Sarah Hayashi e da tia Sueli, assistindo ao casamento. Quando a cerimônia acabou, recebemos um feedback digno de orgulho para qualquer pai e mãe: fomos honrados pela educação e boas maneiras de nossos filhos, pois eles foram adequados não apenas na postura, mas também na integração à mesa, sem usar o celular como fuga. Em João 5.19, Jesus diz que o filho só pode fazer o que vê o pai fazer. Esse é apenas um exemplo de como a sua postura e o seu esforço em casa serão refletidos na vida e no futuro de seus filhos, podendo abrir muitas portas para eles.

A honra

Algo que deve ficar claro quando falamos sobre esse assunto é que os filhos são de Deus antes de serem nossos e, portanto, precisam representar o Reino nos detalhes. Diante disso, eles têm de honrar primeiro ao Senhor e depois a seus pais, pois na obediência há honra. Observe que em Êxodo 20.12 a Palavra diz: “Honre o seu pai e a sua mãe [...]”. Ah, mas talvez você se questione a respeito desse texto pelo fato de seus pais não terem sido bons, ou até mesmo afirme que já está casado e não tem mais o dever de honrá-los. Compreenda a verdade contida nesse texto. A honra não está diretamente relacionada ao desempenho ou à capacidade dos pais, mas, sim, à posição que eles ocupam.

A partir disso, gostaria de me dirigir, neste momento, aos filhos que, conscientes das verdades bíblicas, percebem que seus pais estão pedindo algo que desagrada a Deus: você deve obedecer primeiro ao Senhor! Quando seus pais lhe pedem para fazer algo que fere os princípios do Reino, você expõe a eles a verdade e diz o motivo de escolher o contrário do que foi solicitado. Mas entenda que filho não corrige pai e mãe; filho respeita e, se tiver abertura, aconselha com humildade e muito cuidado. Isso se chama honra, e seus pais ocupam esse lugar em sua vida.

Conheço uma história que usei muito na primeira infância dos meninos, e acredito que possa ilustrar o princípio da honra na vida das crianças.

> Havia numa casa dois filhos, e todas as vezes que eles se sentavam à mesa para comer, o mais velho pedia algo e usava a palavra "por favor" duas vezes.
>
> — Por favor, pai, pode me servir um suco, por favor?
>
> O filho mais novo, por sua vez, apenas pedia:
>
> — Pai, me passa o sal?
>
> Até que sua mãe um dia lhe perguntou:
>
> — Onde foi parar o "por favor" da sua boca?
>
> — Na boca do meu irmão — respondeu ele.

Essa narrativa os fazia rir e pensar. Dentro de cada integrante do lar, existem princípios estabelecidos, mas eles precisam ser aplicados para que todos usufruam da bênção. Quem não sabe ser grato pelas pequenas coisas não sabe honrar a Deus e ao próximo, pois o princípio da honra tem a gratidão como base.

A filiação sem pesos indevidos

Vejo muitas famílias incutindo sobre os filhos mais velhos a responsabilidade pelos irmãos mais novos e até pelos pais no futuro. E preciso dizer que essa é uma linha muito tênue, pois, antes mesmo de chegarem à fase adulta, já adquirem responsabilidades que não são deles.

Tivemos uma experiência ruim quando nos mudamos de Londrina para São Paulo, e acredito que ela possa esclarecer o que estou querendo dizer. Ao chegarmos à nova cidade, colocamos nossos filhos em uma escola maior, próxima à igreja. Felipe ainda estava na Educação Infantil, enquanto o Gustavo estava no Ensino Fundamental I. Na hora da saída, cada um tinha um portão diferente e, para facilitar a busca, Anderson pediu ao nosso mais velho que ficasse atento ao mais novo na hora do recreio e ao ir embora, para que saíssem juntos pelo mesmo portão.

Dois dias depois, Gustavo começou a chorar no caminho para a aula. Ele afirmava sentir uma dor na barriga e não queria mais ir à escola. Esse episódio durou quase uma semana. A princípio, pensamos que seria parte da adaptação, mas, em uma noite, quando as crianças já estavam dormindo, eu e o Anderson tivemos uma conversa bem difícil, discutimos e entendemos que estávamos sob ataque espiritual, o qual causava discórdia e divisão. A partir dessa consciência, começamos a orar e nos arrependemos. Para a glória de Deus, tudo se alinhou, mas não parou por aí.

O Espírito Santo nos direcionou a orar por nossos filhos e, quando o Anderson impôs as mãos sobre o Gustavo, Deus lhe mostrou o motivo de o nosso filho sentir dor e se recusar a ir à escola. Tudo começou porque meu marido havia colocado um peso indevido sobre o nosso filho mais velho. "Cuide do Felipe, fique atento a ele na hora do recreio; o papai vai buscá-los no mesmo portão, então encontre seu irmão para saírem juntos", essas palavras foram suficientes para atribuir ao Gustavo a responsabilidade de cuidar de seu irmão.

No dia seguinte, Anderson o levou para almoçar e pediu perdão, eliminando dele o peso de procurar o Felipe no meio de duas mil crianças. Para alinhar os papéis de pai e filho, ele disse: "O papai é responsável pelo Felipe, porque ele é meu filho, assim como sou responsável por você. A escola tem um portão específico e professoras para cuidar do seu irmão, então você não precisa mais olhá-lo na hora do recreio. Estude, divirta-se e faça novos amigos, *tá bom*?". A expressão do Gu naquele momento foi de alívio, e ele exclamou um belo: "Ufa, obrigado, pai!". Nem preciso dizer que nosso filho mais velho nunca mais chorou para a ir à escola!

Deus fez tudo perfeito e nos auxilia em nossa jornada de paternidade e maternidade. O livro de Eclesiastes fala que há tempo para todas as coisas (cf. Eclesiastes 3.1), e creio que podemos ajudar nossos filhos a viverem as estações de forma saudável, sem atribuir a eles tarefas que não estão de acordo nem com seu papel nem com sua idade. É muito importante conhecer os principais períodos do desenvolvimento humano — primeira infância (0 a 3 anos), segunda infância (3 a 6 anos), terceira infância (6 a 12 anos), adolescência e fase adulta. Pois, assim, adquirimos maior habilidade no trato das faculdades mentais pertinentes para cada estágio, compreendendo, também, como nossa natureza nos afeta ao longo da vida.

A perpetuação dos mandamentos

Por fim, se eu pudesse resumir o papel de um filho, utilizaria o valioso conselho deixado por Salomão, o homem mais sábio da Bíblia:

> *Meu filho, guarde o mandamento de seu pai e não abandone a instrução de sua mãe. Tenha-os sempre amarrados ao seu coração, pendure-os no seu pescoço. Quando você andar, essa instrução o guiará; quando você se deitar, ela o guardará; quando acordar, falarão com você. Porque o mandamento é lâmpada, e a instrução é luz; e as repreensões*

> *da disciplina são o caminho da vida.* (Provérbios 6.20-23)

O papel dos filhos é assegurar que os mandamentos e ensinamentos de seus pais sejam perpetuados em seu coração, tanto de dia quanto de noite, pois as repreensões são como luz em sua vida e trarão segurança a cada decisão que precisarem tomar.

Um homem de Deus uma vez me disse que, como filhos, passamos por duas fases na vida. A primeira é quando temos nossas necessidades básicas sustentadas por nossos pais, enquanto dependemos deles. A segunda é quando nós os honramos, cuidando deles quando já não podem mais prover para si mesmos e reproduzindo seus ensinamentos.

CRIANDO FILHOS DE PROPÓSITO

COMO POSSO **DEIXAR CLARO PARA OS MEUS FILHOS** QUAIS SÃO OS **PAPÉIS DELES**?

Nessa fase, os filhos precisam confiar que o pai e a mãe sabem mais, entendem mais e conhecem mais. Isso os fará saber que os pais terão as melhores escolhas para eles. Portanto, vejo que um dos principais papéis dos filhos de 0 a 7 anos é obedecer e confiar.

Ao passo que na geração anterior houve muita correção com pouca explicação, hoje vemos muita explicação, porém pouca correção e firmeza da parte dos pais. E isso traz insegurança para a criança, que, em seu interior, anseia por alguém que irá corrigi-la e direcioná-la. Mesmo que cognitivamente as crianças não entendam completamente, é necessário que os pais se posicionem dessa forma para que elas venham a aprender com o tempo e construam em suas mentes estruturas firmes de um lar saudável.

por **Junia Hayashi**

A questão da obediência deve ser mantida até o final. O que muda entre as fases é o entendimento a respeito dela: de 7 a 12 anos, os filhos já têm mais compreensão sobre isso, por exemplo.

Nessa fase, é possível incluir algumas coisas mais práticas para que as crianças aprendam a obedecer e tomar decisões com sabedoria e consciência. Vamos supor que seu filho não queira ir de casaco para a escola. Você tem a chance de orientá-lo da seguinte forma: "Se não for de casaco, você pode pegar um resfriado; se pegar um resfriado, terá de ficar em casa tomando um remédio de que não gosta. Está nas suas mãos tomar uma decisão sábia ou uma decisão tola". A escolha dele não necessariamente caracteriza uma desobediência, mas situações como essa o ajudarão a agir de forma sábia, porque ele já tem esse senso de compreensão do que está fazendo.

Assim, nessa idade, os filhos não têm apenas o papel de obedecer, mas também de participar de algumas escolhas. Essa liberdade pode existir porque já há determinado conhecimento e entendimento para isso. Nosso papel como pai ou mãe é alinhar essas decisões para que nossos filhos sejam cada vez mais sábios.

por **Jackeline Hayashi**

12 a 18 anos

Quando nossos filhos estão mais velhos, principalmente depois dos 15 anos, podemos dizer que existe a necessidade de relembrar os papéis a eles. É uma fase em que acham que sabem tudo e que nós, os pais, não sabemos nada. Então, muitas vezes, é preciso dizer: "A mãe aqui sou eu. Eu falo, e você 'abaixa a orelhinha'".

Para mim, isso é muito claro. Naturalmente, nós acabamos dando mais liberdade a eles, mas precisamos relembrar que, enquanto estiverem debaixo do nosso teto, essa liberdade continua sendo controlada. Afinal, eles estão sob nossa autoridade, e temos uma responsabilidade diante do Senhor sobre suas vidas.

Não podemos ter medo de estabelecer limites. Mesmo um filho de 17 anos não tem maturidade suficiente para tomar suas decisões sozinho. Quando conversamos acerca disso com os adolescentes, há um respeito maior, e eles passam a acatar o nosso direcionamento. Por isso, é necessário trazer alinhamento baseado na Palavra do Senhor, lembrando-lhes que ainda são filhos, mesmo que já estejam na adolescência.

por **Paula Yamamoto**

ANOTAÇÕES

PAIS, MÃES E FILHOS DEVEM EXERCER SEUS PAPÉIS EM UNIDADE E CUMPRIR SUAS RESPONSABILIDADES, CONFORME ESCRITO NA PALAVRA.

CAPÍTULO 5

MOLDANDO UM MINIEU?

por **Paula Yamamoto**

Nunca imaginei ter uma família... quanto mais filhos!

Não sei você, mas, por muito tempo, carreguei inúmeras dúvidas a respeito da criação dos meus filhos, ainda mais porque perdi minha mãe aos 10 anos e ficava pensando: "Como vou saber cuidar de uma criança?". Apesar de fazer muitos cursos e ler vários livros, eu me perdia em meio a tantas informações, até que um dia resolvi seguir o que estava no meu coração, conforme Paulo nos orienta em Colossenses 3.15: "Que a paz de Cristo seja o árbitro no coração de vocês [...]". Desde então, sempre que esses pensamentos surgem, recorro ao Senhor e à Sua Palavra.

Tenho dois filhos muito diferentes um do outro. E, conforme eles cresciam, precisei enfrentar essa questão. Como eu lidaria com crianças com temperamentos tão distintos? Por vezes, tentei aplicar as mesmas estratégias na criação dos dois, mas o resultado não era o mesmo. Eu me recordo que, quando meus filhos eram pequenos e eu os preparava para irem à escola, enquanto eu falava para o Pedro, o mais velho, trocar de roupa, a Aline já estava sem o pijama, tentando colocar o uniforme — na época, ela tinha apenas dois anos.

Um outro exemplo disso era o momento de leitura bíblica. Sempre que eu me sentava junto ao Pedro para ler a Palavra, ele ficava quietinho ao meu lado, prestando atenção; a Aline, por sua vez, permanecia deitada, com as pernas viradas para cima e encostadas na parede (isso quando não decidia pular de um sofá ao outro). Eu achava que, por se portar daquela forma, minha filha mais nova não prestava atenção à leitura; mas, quando eu fazia perguntas, ela respondia direitinho.

Nós nos esquecemos de que Deus nos criou com personalidade e temperamento distintos; eu e você provavelmente não agimos da mesma maneira em uma mesma situação. E isso se aplica, também, aos nossos filhos. Quando tomamos decisões erradas, podemos até querer justificá-las culpando um temperamento explosivo ou um histórico familiar, mas a verdade é que todos nós precisamos alinhar nosso coração à luz da Bíblia para que possamos fazer o mesmo com as nossas crianças.

CAPÍTULO 5

COMPREENDENDO OS TEMPERAMENTOS

Para compreendermos um pouco mais sobre o comportamento dos nossos filhos, quero voltar os olhos para os quatro temperamentos — colérico, fleumático, melancólico e sanguíneo. Basicamente, os temperamentos indicam o modo como cada pessoa pensa, sente e age; eles mostram muito quem somos. Você já deve ter ouvido comentários como: "Ele vai com todo mundo", "Ele é simpático", "Ele é mais observador", "Ele é bravo". Essas considerações, mesmo que simples, apontam para algumas características de cada temperamento que nos acompanham da infância à vida adulta.

Existem crianças que são naturalmente mais extrovertidas e se comunicam com mais facilidade, enquanto outras são tímidas e introvertidas. Há aquelas que podem ser mais aceleradas, ao passo que outras tendem a ser mais lentas. Compreender o temperamento dos nossos filhos pode nos ajudar (e ajudá-los) a entender suas necessidades e a lidar com mudanças e desafios.

NÓS NOS ESQUECEMOS DE QUE DEUS NOS CRIOU COM PERSONALIDADE E TEMPERAMENTO DISTINTOS.

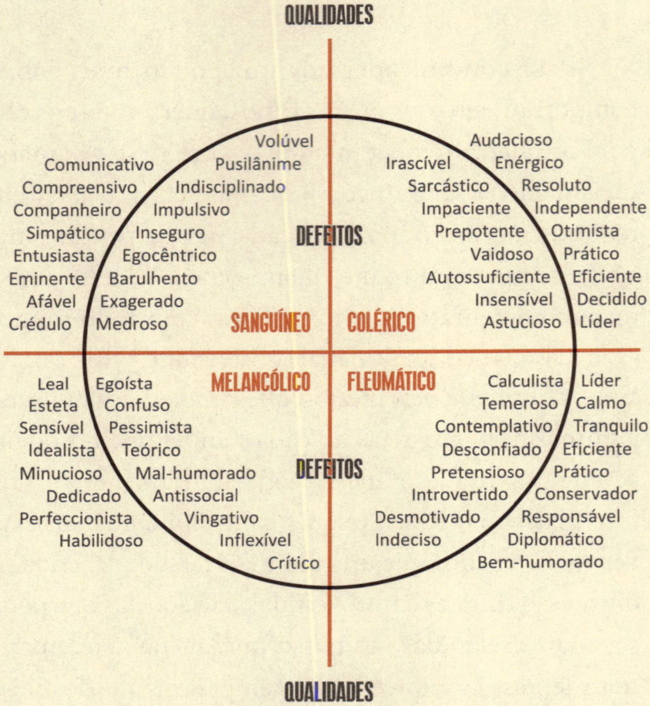

Fonte: adaptado de *Temperamentos transformados*.[1]

Como vimos no diagrama, nossos temperamentos podem manifestar várias nuances. Contudo, quando os nossos filhos ainda são pequenos, é possível que identificar todas as características do quadro seja um pouco

[1] Tim LaHaye, *Temperamentos transformados*, 2008.

mais difícil. Pensando nisso, a psicopedagoga Daniela Janssen formulou um e-book descrevendo um pouco mais especificamente os temperamentos infantis.

Colérico

A criança colérica é extrovertida e independente; líder nata, costuma controlar as brincadeiras e tomar decisões pelo grupo. É decidida, prática, ativa e pouco emocional. Ela precisa enfrentar algumas situações difíceis para destravar seus potenciais. Desafios físicos e mentais simples como carregar as compras ou ajudar a reorganizar os móveis podem auxiliar a criança colérica a perceber que ela não precisa, e muitas vezes não consegue, dar conta de tudo.

Fleumático

A criança fleumática é fácil de se relacionar. Calma, pacífica e descontraída, raramente se chateia ou recorre à violência. Equilibrada e reservada, não costuma agir fora da rotina ou se envolver nas atividades do outro. Tem potencial para exercer uma liderança eficiente e conciliadora, mas dificilmente busca essa posição. Estudiosa, caprichosa e calma, a criança fleumática necessita de orientações específicas e prazos para se desafiar. Também pode precisar de lembretes mais constantes e rotina regrada para vencer a memória.

Melancólico

A criança melancólica é extremamente sensível, analítica e perfeccionista. Por natureza, é introvertida, mas pode transitar para a extroversão por conta de suas emoções intensas. Apesar de não fazer amigos com facilidade, a criança melancólica é muito fiel, possui o desejo de ser amada e expressa a sua vontade de se relacionar. Não funciona sob pressão. Por conta de sua característica analítica, é rápida em avaliar dificuldades e pontos de atenção, o que pode lhe fazer resistir a novas ideias. É idealista por natureza, sua atividade perfeita precisa ter significado, exigir paciência, atenção e planejamento.

Sanguíneo

A criança sanguínea é extremamente criativa, extrovertida e flexível. Aceita e propõe mudanças com uma facilidade capaz de surpreender. Faz amigos sem dificuldade, é comunicativa e não guarda ressentimento. É despreocupada e proativa, porém volúvel, impulsiva, insegura, exagerada, medrosa, inquieta e até mesmo egoísta. Tende a perder a atenção com facilidade, pois concentração e foco não são seus fortes. Atividades curtas e dinâmicas são perfeitas para os sanguíneos.

PONTOS FORTES X PONTOS FRACOS – COMO LIDAR?

Todos nós queremos ter filhos obedientes, tranquilos e bem-comportados, mas será que estamos dispostos a investir tempo na educação deles? Para trabalhar o caráter de nossas crianças, precisamos nos dedicar aos momentos em que estamos juntos. Nós, como pais, só conseguiremos saber o que elas vivem se as acompanharmos de perto, não importa a idade.

Temos um papel muito importante na vida de nossos filhos, por isso, esse se torna o nosso primeiro ministério. Não basta apenas alimentá-los ou trocá-los, precisamos lidar com o coração deles, alinhando-os à Palavra de Deus.

Jesus nos deixou muitos exemplos de como fazer isso. Quando olhamos para as Escrituras, podemos vê-lO lidando com Simão Pedro, discípulo que tinha a ousadia como característica predominante do temperamento.

> *Então Pedro disse: — Se é o Senhor mesmo, mande que eu vá até aí, andando sobre as águas. Jesus disse: — Venha! E Pedro, descendo do barco, andou sobre as águas e foi até Jesus.* (Mateus 14.28-29)

Nessa passagem, podemos perceber a ousadia de Pedro, que, pronto para andar sobre as águas, obedeceu à ordem de Jesus: "Venha!". Por outro lado, o discípulo era um homem que não filtrava seus pensamentos e vivia *dando bola fora* por falar demais, ou seja, seu temperamento ainda não havia sido transformado. Mas, quando recebeu o Espírito Santo, a vida de Pedro mudou, ele passou a usar de sua ousadia para levar pessoas a Cristo e, assim, expandir o Reino de Deus (cf. Atos 2).

Nosso olhar precisa estar direcionado aos nossos filhos, a fim de ajudá-los a buscarem essa mesma transformação no Senhor e entenderem que nem sempre será confortável lidar com o coração — ainda assim, é preciso.

Em meio a tudo o que foi exposto sobre temperamentos, é importante sempre apresentarmos a Verdade, afirmando: "Isso é o que a Palavra diz a seu respeito e é isso o que eu penso sobre você. Nada nunca poderá mudar essa realidade, nem mesmo o seu temperamento".

por **Junia Hayashi**

Meu filho, Pedro, por exemplo, tinha uma personalidade mais introvertida e não gostava de confronto quando era mais novo. Mesmo sendo alto, nunca reagia nos momentos em que algum outro menino implicava com ele. Então entendi que precisávamos trabalhar isso: resolvi matriculá-lo em uma escola de futebol; ele não era bom no esporte, mas gostava muito. Um dia, eu o levei à aula e precisei sair; quando retornei, vi que estava no gol e pensei: "Ele encontrou o lugar de conforto". Para lidar com isso, tive de conversar com o professor e explicar a situação. Talvez você esteja pensando: "Eita! Que mãe malvada, colocando o filho na fogueira". Mas, na verdade, eu entendi que aquela era a forma mais saudável de confronto, porque eu poderia acompanhá-lo, observar suas ações e lidar com isso ao seu lado.

Em outro dia, antes de começar a aula de futebol, lá estava ele na beirada da quadra, esperando alguns meninos jogarem. Falei: "Filho, o que está fazendo aí?". Ele me explicou que estava esperando alguém sair do jogo para que pudesse entrar também, mas um garoto que estava por perto lhe disse: "O time está completo! Não tem vaga para você, não". Após ouvir isso, olhei para o Pedro e sugeri que fôssemos embora, porém, para a minha surpresa, meu filho pediu que eu me sentasse e esperasse. Sabe quando você fica com vergonha alheia? Foi o que senti naquela hora, mas Deus me falou: "Sente-se e espere". Enquanto assistíamos ao jogo, um dos meninos em campo se machucou, e o mesmo garoto que havia desconsiderado o Pedro inicialmente olhou para ele e o chamou: "Ei, cara! Entra aí, joga com a gente". Naquele momento, percebi a importância de não desistir e de ser perseverante.

Meu filho sabia que não era tão bom de bola e, para treinar futebol no condomínio em que morávamos, descia para jogar na quadra. Quando voltava para casa, parecia que havia jogado com uns dez meninos, de tão suado; mas, na verdade, estava treinando sozinho. Comecei a notar o quão disciplinado e persistente ele era, até que, de tanto praticar, começou a jogar bem e a fazer parte das escalas.

Lidamos com um dos pontos fracos dele na época — o confronto. Mas a perseverança no treino de futebol o fez lidar com duas situações: o medo de ser confrontado e o fato de não ser bom de bola. Neste caso, não era apenas o embate físico, a possibilidade de se chocar com alguém, era também o emocional: ele tinha de vencer suas barreiras.

Precisamos lembrar que são as situações difíceis que forjam nosso caráter. Se, como mãe, eu sentisse pena do meu filho por ele ter medo de confronto e não o incentivasse a fazer as aulas de futebol, ele não teria se desenvolvido e vencido esse medo. Vivemos dias em que os pais tentam poupar as crianças de situações que possam magoá-las ou feri-las, mas amar nossos filhos não é resguardá-los de desafios, e sim enfrentar cada problema ao lado deles. É importante orar, permanecer por perto, saber como os nossos filhos estão lidando com as situações; precisamos ter ações que mostrem a eles o nosso carinho e, ao mesmo tempo, que os ajudem a vencer.

Um dos maiores desafios dos pais com relação ao temperamento e personalidade de seus filhos é saber lidar com a razão sem deixar que a emoção fale mais alto. Não podemos justificar medos e comportamentos errados; todos nós precisamos ser transformados à imagem de Jesus.

Deus gerou filhos com identidades diferentes para cumprir o propósito e o chamado que tem para eles.

> *[...] Em amor nos predestinou para ele, para sermos adotados como seus filhos, por meio de Jesus Cristo,* ***segundo o propósito de sua vontade.*** (Efésios 1.4-5 – grifo nosso)

> *Eu te louvo porque me fizeste de modo especial e admirável. Tuas obras são maravilhosas! Disso tenho plena certeza. Meus ossos não estavam escondidos de ti* ***quando em secreto fui formado*** *e entretecido como nas profundezas da terra.* ***Os teus olhos viram o meu embrião; todos os dias determinados para mim foram escritos no teu livro antes de qualquer deles existir.*** *Como são preciosos para mim os teus pensamentos, ó Deus! Como é grande a soma deles!* (Salmos 139.14-17 – NVI – grifos nossos).

Como pais, sem perceber, muitas vezes queremos que nossos filhos sejam como nós — tenham a mesma atitude, a mesma forma de agir... quase nossas "miniversões". Entretanto, eles são dotados não apenas de inteligência, mas de uma identidade que o Senhor plantou no interior de cada um. Um mau comportamento é sinal de uma raiz que não está boa, que requer **transformação**, e não apenas **correção.** Constantemente, desejamos trabalhar as atitudes das crianças, mas nos esquecemos de considerar de onde elas vêm.

Já parou para pensar que, por vezes, estamos mais preocupados com o que os outros pensarão de nós se nossos filhos agirem *assim ou assado*, do que com o caráter deles em si? Educar dá trabalho, exige tempo, disposição e entendimento, afinal, estamos alinhando a vida de nossas crianças ao chamado que o Senhor tem para cada uma delas.

O Apóstolo Pedro experimentou uma mudança completa, seu caráter e temperamento foram transformados e, por consequência, sua personalidade foi alinhada, de forma que o permitiu participar da natureza divina.

> *Por meio delas, ele nos concedeu as suas preciosas e mui grandes promessas, para que* ***por elas vocês se tornem coparticipantes da natureza divina****, tendo escapado da corrupção das paixões que há no mundo.* (2 Pedro 1.4 – grifo nosso)

DEUS GEROU FILHOS COM IDENTIDADES DIFERENTES PARA CUMPRIR O PROPÓSITO E O CHAMADO QUE TEM PARA ELES.

NOSSO TEMPERAMENTO E NOSSAS RELAÇÕES

Todo pai quer sempre o melhor para o seu filho, mas a questão é que, quando essa ambição se torna um **instrumento de controle,** pode gerar consequências ruins. Em Gênesis, lemos que, logo após o Senhor criar o homem, Ele lhe entregou o domínio sobre **todas** as coisas. Nossas emoções estão inclusas nesse pacote, portanto precisamos dominá-las. Por não governar nosso temperamento, podemos destruir nossa própria família.

> *E Deus disse: — Façamos o ser humano à nossa imagem, conforme a nossa semelhança. Tenha ele domínio sobre os peixes do mar, sobre as aves dos céus, sobre os animais domésticos, sobre toda a terra e sobre todos os animais que rastejam pela terra. Assim Deus criou o ser humano à sua imagem, à imagem de Deus o criou; homem e mulher os criou. E Deus os abençoou e lhes disse: — Sejam fecundos, multipliquem-se, encham a terra e sujeitem-na. Tenham domínio sobre os peixes do mar, sobre as aves dos céus e sobre todo animal que rasteja pela terra.* (Gênesis 1.26-28)

Você já parou para pensar que conseguimos dominar nossos pensamentos e ações com colegas de trabalho ou vizinhos, mas, quando estamos diante de nossos entes queridos, liberamos nossas emoções de forma explosiva?! Às vezes, nós nos deixamos levar pelas emoções; seja pelo cansaço do trabalho ou pela correria do dia, ao nos darmos conta, gritamos e nos estressamos com nossos filhos, deixando marcas dolorosas no coração deles.

Lembro-me de um dia em que havia dito para minha filha tomar cuidado para não derrubar um copo de vidro e, sem querer, ela o derrubou e quebrou. Eu fiquei brava porque já a havia orientado a ter atenção várias vezes, mas logo depois senti Deus falar comigo: “Se fosse a filha da vizinha, você teria agido da mesma maneira?”. Logo pensei: “Claro que não...”. Fui até a Aline e pedi perdão por ter ficado brava. Passei um tempo pensando em quantas vezes eu mesma derrubei e quebrei o copo lavando louça, e ninguém ficou irritado comigo, nem mesmo eu.

É tão fácil dominar nossas emoções quando se trata dos outros; mas, quando se trata da nossa casa, que deveria ser o lugar onde melhor nos relacionamos, somos insuficientes. Precisamos buscar a transformação da nossa mente, assim como menciona o livro de Romanos.

> *E não vivam conforme os padrões deste mundo, mas deixem que Deus os transforme pela renovação da mente, para que possam experimentar qual é a boa, agradável e perfeita vontade de Deus.* (Romanos 12.2)

Nossa personalidade pode afetar a vida de nossos filhos; talvez, sem perceber, estejamos criando pessoas mais exigentes, introvertidas, pessimistas e até mesmo perfeccionistas, tudo porque o nosso temperamento pode não ter sido transformado de acordo com as verdades da Palavra de Deus.

Um dia, minha filha convidou uma amiguinha para brincar em casa. Enquanto elas jogavam no quarto, a amiga pediu para pegar outro brinquedo, e a Aline falou: "Ei, primeiro guarda esse, depois você pega outro. Quer deixar meu quarto bagunçado?!". Naquela hora, o espelho refletiu em mim. Pude me enxergar na minha filha enquanto ela falava e percebi que precisava levar as coisas de forma mais leve. É verdade que queremos ter a nossa casa sempre organizada e limpinha, mas é necessário, também, brincar com as crianças — depois, com um tempinho, arrumamos tudo.

A maneira como criamos nossos filhos está ligada às características pessoais que desenvolvemos, à forma como fomos criados. Se você viveu em uma casa onde foi muito cobrado, sua tendência é cobrar as pessoas do mesmo modo. Como perdi minha mãe muito cedo, tive de me virar sozinha em vários momentos. Minha tendência, por exemplo, é olhar para algumas situações, considerá-las fáceis demais e querer que todos tenham a mesma intensidade para resolver o problema como eu resolveria. A questão é que nem sempre é assim, justamente porque cada pessoa vem de uma família e uma cultura diferente. Há áreas em nossa vida que podem ter sido machucadas por situações ou familiares em nosso passado, e precisamos de cura e libertação para que não passemos isso para nossos filhos nem para as gerações que virão.

> *Portanto, confessem os seus pecados uns aos outros e orem uns pelos outros, para que vocês sejam curados. Muito pode, por sua eficácia, a súplica do justo.* (Tiago 5.16)

A Bíblia nos ensina a importância de confessarmos nossas culpas para sermos curados. Portanto, se você identifica uma sequência de situações ou pecados que não foram tratados e têm vindo da sua família ou da família de seu cônjuge, é importante pedir perdão e confessar a alguém, renunciando a essa herança espiritual.

COMO TER O TEMPERAMENTO TRANSFORMADO?

A verdade é: não importa o temperamento que você possui, todos devem se sujeitar ao Senhor. Ele é a única pessoa que navegou muito bem por cada ponto forte e ponto fraco ao lidar com os seus próprios discípulos.

> *É melhor ter paciência do que ser herói de guerra; o que domina o seu espírito é melhor do que o que conquista uma cidade.* (Provérbios 16.32)

A Palavra é clara ao afirmar que não adianta conquistarmos coisas grandes, como uma cidade, se não tivermos domínio próprio, o controle do nosso coração. Nenhuma das nossas conquistas supera a conquista do nosso espírito, alma ou temperamento. Lembre-se: o seu domínio sobre essa área dita o modo como você reage às mais diversas situações, ou seja, se não conhecer o seu próprio temperamento, tudo o que fizer será por impulso — uma compra por impulso, uma mudança por impulso, uma troca de trabalho por impulso, uma briga e uma exigência por impulso. Ao lermos a respeito da vida de Sara, por exemplo, podemos deduzir que ela era uma pessoa colérica, e, quando os coléricos não têm o seu temperamento transformado, podem se tornar impulsivos em suas atitudes. Geralmente, diante de um confronto, tendem a não assumir seu erro.

> *Então Sara teve medo e negou, dizendo: — Eu não ri. Ele, porém, disse: — Não é verdade; é certo que você riu.* (Gênesis 18.15)

O problema desse tipo de comportamento é que as escolhas são como sementes; tudo o que plantamos, temos de colher. Somos formados por corpo, alma e espírito. E, uma vez que a alma é o modo como nos expressamos aos outros, quando nós não a conhecemos nem a submetemos ao Senhor, passamos a ter todo o nosso comportamento dirigido pelo temperamento.

É por isso que o primeiro passo para viver essa transformação é conhecer a si mesmo. Pense comigo: como poderemos amar ao próximo como a nós mesmos se não nos conhecermos? Como poderemos criar os nossos filhos e ajudá-los a lidarem com as próprias questões se não soubermos quais são os nossos desafios? Não podemos amar outra pessoa se o amor de Deus não se manifestar em nós antes.

> *Jesus respondeu: — "Ame o Senhor, seu Deus, de todo o seu coração, de toda a sua alma e de todo o seu entendimento". Este é o grande e primeiro mandamento.* ***E o segundo, semelhante a este, é: "Ame o seu próximo como você ama a si mesmo".*** (Mateus 22.37-39 – grifo nosso)

O segundo passo para termos nosso temperamento transformado é buscar o fruto do Espírito. "[...] O fruto do Espírito é amor, alegria, paz, longanimidade, benignidade, bondade, fidelidade, mansidão e domínio próprio [...]". (Gálatas 5.22-23). Ele é o caráter de Deus em nós, o meio pelo qual o Senhor escolheu para nos santificar e nos fazer parecidos com a imagem de Cristo.

> *E se revestiram da nova natureza que se renova para o pleno conhecimento, segundo a imagem daquele que a criou.* (Colossenses 3.10)

Talvez você seja uma pessoa colérica e não aja com paciência (ou longanimidade) de forma natural; talvez seja melancólico e tenha dificuldade em lidar com a alegria; é possível que precise trabalhar o domínio próprio, por ser sanguíneo; ou, ainda, sendo um fleumático, tenha de aprender a confiar por meio do amor. Independentemente do seu temperamento, todos precisamos passar por uma transformação verdadeira para que sejamos capazes de lidar com os nossos filhos, respeitando suas diferenças e os desafiando a se desenvolverem em seus pontos fracos. Nós não seremos capazes de compreendê-los se antes não nos compreendermos. Até que isso aconteça, continuaremos a criar nossas miniaturas — pessoas diferentes, com personalidade e temperamento distintos, mas que replicam os mesmos comportamentos ruins —, talvez até impedindo-as de cumprirem com o propósito de Deus para a vida delas. Precisamos equipar e criar os nossos filhos para irem além de nós mesmos.

NÓS NÃO SEREMOS CAPAZES DE COMPREENDÊ-LOS SE ANTES NÃO NOS COMPREENDERMOS.

CRIANDO FILHOS DE PROPÓSITO

COMO POSSO **APRENDER A LIDAR COM O TEMPERAMENTO** DOS MEUS FILHOS?

Minha curiosidade acerca dos temperamentos surgiu quando percebi que meus filhos reagiam de formas muito diferentes a determinadas situações, assim como identificavam minhas expressões de amor e eram capazes de "retê-las", cada um à sua maneira. Por isso, senti a necessidade de aprender mais a fundo sobre os temperamentos e, assim, conseguir amá-los de forma mais assertiva.

Fui entendendo que, enquanto deveria incentivar mais um filho para certas tarefas, deveria segurar mais o impulso de outro. Isso é muito importante, pois conseguimos "customizar" nossas abordagens com os diferentes filhos, de acordo com suas características únicas. Dessa maneira, ao identificar as fraquezas dos temperamentos, podemos ensinar nossos filhos que aquilo não está alinhado com a plenitude do que Deus fala em Sua Palavra, e podemos direcioná-los para o amadurecimento e crescimento. Da mesma forma, quando identificamos seus pontos fortes, temos a oportunidade de incentivá-los cada vez mais nessa direção.

Em meio a tudo o que foi exposto sobre temperamentos, é importante sempre apresentarmos a Verdade, afirmando: "Isso é o que a Palavra diz a seu respeito e é isso o que eu penso sobre você. Nada nunca poderá mudar essa realidade, nem mesmo o seu temperamento". Assim, eles terão a certeza de que, mesmo que os impulsionemos a melhorar e crescer, eles sempre serão amados, independentemente de seus temperamentos e suas personalidades.

por **Junia Hayashi**

É fundamental que os pais conheçam a si mesmos. Quando sabemos quem nós somos e como funcionamos, a tarefa de entender e impulsionar os nossos filhos fica bem mais fácil! Para isso, precisamos estudar e ir atrás de conhecimento. É essa busca que fará diferença.

Não podemos esquecer, também, que o Espírito Santo é nosso ajudador na criação dos filhos, assim, além da busca pelo conhecimento das personalidades, é fundamental ter como foco o auxílio d'Ele. Muitas vezes, tive o impulso de fazer algo, mas senti um alerta do Espírito me conduzindo a agir de modo diferente — e, certamente, mais efetivo.

por **Vanessa Dantas**

12 a 18 anos

Quando nossos filhos estão maiores, podemos fazer com eles o teste de temperamento. Fizemos essa dinâmica em nossa casa, e foi muito gostoso conversar sobre o assunto no jantar. Como toda a família participou, não fomos só eu e o Lucas que descobrimos o temperamento dos nossos filhos, mas eles também puderam avaliar o nosso temperamento.

O mais legal de termos feito isso juntos é que tivemos a chance de ouvir qual era a percepção da família em relação ao temperamento de cada um. Às vezes, achamos que somos de uma forma, mas aquilo que observam em nós é diferente. Essa foi uma ótima oportunidade para reforçar aos meus filhos a importância de serem sinceros consigo e de buscarem a verdade primeiro em Deus.

Também relembramos o quanto os dois mudaram desde que eram pequenos, porque as situações que viveram trouxeram aprendizado e maturidade. Além disso, o próprio relacionamento com Deus também os moldou. Nessa fase, é bem importante fazer que nossos filhos entendam seu temperamento e se desafiem.

por **Jackeline Hayashi**

ANOTAÇÕES

NÃO PODEMOS JUSTIFICAR MEDOS E COMPORTAMENTOS ERRADOS; TODOS NÓS PRECISAMOS SER TRANSFORMADOS À IMAGEM DE JESUS.

CAPÍTULO 6

COMO PROMOVER A CULTURA DO REINO DENTRO DA MINHA FAMÍLIA?

por **Vanessa Dantas**

O título deste capítulo deve ter lhe dado esperanças de que ele seja direto ao ponto, totalmente "mão na massa", e eu tenho muito para compartilhar em relação a isso, mesmo. Mas, antes de trazer alguns passos práticos de como promover a cultura do Reino de Deus dentro de casa, é primordial compreendermos que a cultura é parte de quem somos, de como agimos, como convivemos e nos expressamos.

CULTURA CELESTIAL X CULTURA REGIONAL

Não é necessário viajar ou se relacionar com outros povos para identificar alguns valores que facilmente refletem o Reino de Deus na Terra. Mas, quando se tem a oportunidade de conviver com outras culturas, fica mais claro o quanto elas representam seus respectivos povos — como a alegria dos brasileiros, a honra dos japoneses, o júbilo dos africanos, ainda que em circunstâncias adversas, e a excelência do povo emiradense... Enfim, são valores que representam suas nações. Nós, como cristãos, temos não apenas os valores que adquirimos pelo país em que moramos ou pela família em que nascemos, mas um alto padrão estabelecido pelo Senhor, que deve refletir os Céus.

Assim como mencionei bons valores, temos outros que, infelizmente, nos afastam da realidade celestial. A Cultura do Reino de Deus é completamente diferente da cultura do mundo em que vivemos — é uma contracultura. No período em que o Senhor permaneceu em silêncio — período intertestamentário, que durou cerca de 400 anos —, algumas pessoas se levantaram para estudar as Escrituras e implantaram seu próprio entendimento a respeito delas, compartilhando suas regras e costumes para que o povo não se desviasse; ao focar tanto nas promessas e costumes do passado, não perceberam que Jesus, o Messias, tinha chegado. A estação havia mudado.

Os fariseus rejeitaram Cristo como o Messias porque criaram expectativas sobre quem e como seria Jesus, negligenciando a fé genuína, trazendo um parâmetro humano para o que Deus pode fazer e como pode fazer. Não podemos ser como os fariseus, que abortaram a cultura do Reino enquanto Jesus estava entre eles.

Ao decidir trazer os costumes dos Céus para sua casa, você sentirá a pressão natural de viver neste mundo e não pertencer a ele (cf. João 17.15-17). Precisará ser intencional e radical, a fim de colocar tudo o que o Senhor nos ordenou em prática.

O PAI É QUEM DEFINE A CULTURA DENTRO DE CASA!

O capítulo 6 do evangelho de Mateus é recheado de valores que norteiam nossa vida como cristãos, mas quero me ater aos versículos da oração do Pai-nosso para destacar a profundidade de cada um deles e enxergar como podem ser práticos dentro da nossa casa; afinal, a figura central dessa oração é Deus Pai, e nós já conversamos, no capítulo 4, a respeito das funções paternas na família. É ele quem dita a cultura da casa; ele é o sacerdote do lar. Sugiro a você fazer essa reflexão com seus filhos.

> *— Portanto, orem assim: "Pai nosso, que estás nos céus, santificado seja o teu nome; venha o teu Reino; seja feita a tua vontade, assim na terra como no céu; o pão nosso de cada dia nos dá hoje; e perdoa-nos as nossas dívidas, assim como nós também perdoamos aos nossos devedores; e não nos deixes cair em tentação; mas livra-nos do mal [pois teu é*

o Reino, o poder e a glória para sempre. Amém]!"
(Mateus 6.9-13)

Pai nosso, que estás nos Céus

Temos um Pai celestial, somos filhos d'Ele, e Seu Reino está nos Céus. Portanto, um dia meu reino também será.

Santificado seja o Teu nome

Ele é Santo, separado. Assim, se eu sou conduzida pelo Espírito Santo e feita filha de Deus (cf. Romanos 8.14), também sou santa e minha casa é separada para Ele. Nós não somos deste mundo, embora vivamos aqui.

Venha o Teu Reino, seja feita a Tua vontade, assim na Terra como nos Céus

Podemos clamar pelo Reino de Deus sobre os nossos filhos e sobre a nossa vida; quando há doenças, quando estamos perdidos, sobrecarregados ou tristes, temos liberdade para pedir que o Céu se manifeste na Terra, pois essa é a vontade do Pai.

PODEMOS CLAMAR PELO REINO DE DEUS SOBRE OS NOSSOS FILHOS E SOBRE A NOSSA VIDA.

O pão nosso de cada dia nos dá hoje

Devemos confiar que não teremos falta de nada e que nossas necessidades serão supridas por Ele dia após dia. O próprio Jesus, ainda no Sermão do Monte, diz que assim como o Pai sustenta as aves do céu, Ele nos sustentará, se O buscarmos em primeiro lugar (cf. Mateus 6.26-33).

Perdoa-nos as nossas dívidas, assim como nós também perdoamos aos nossos devedores

Devemos perdoar nosso próximo, como Ele nos perdoou. Esse é um trecho muito importante, pois logo após a oração do Pai-nosso, Jesus destaca:

> — *Porque, se perdoarem aos outros as ofensas deles, também o Pai de vocês, que está no céu, perdoará vocês; se, porém, não perdoarem aos outros as ofensas deles, também o Pai de vocês não perdoará as ofensas de vocês.* (Mateus 6.14-15)

Não nos deixes cair em tentação

O Senhor pode nos ajudar em nossas fraquezas. Ele nos sustenta durante a jornada e dirige os nossos passos para que não vacilemos (cf. Salmos 17.5).

Mas livra-nos do mal

Temos um Pai poderoso que livra nossa família e nossos filhos do mal. Ele é o nosso refúgio e a nossa fortaleza (cf. Salmos 91.2); além de nos livrar do homem mau e violento, livra-nos, também, das mãos dos ímpios (cf. Salmos 140.1,4).

Pois Teu é o Reino, o poder e a glória para sempre

Devemos reconhecer que Ele é o Rei dos reis e tem todo o poder e a glória sobre a nossa família e os nossos filhos. Não há nada difícil e impossível para Deus. Nada nem ninguém é mais poderoso do que Ele. Nada escapa de Suas mãos (cf. Isaías 43.13).

O FILHO SÓ PODE FAZER O QUE VÊ O PAI FAZENDO

Na época em que meus filhos eram pequenos, eu investi fortemente em alguns valores dentro de casa para que, quando crescessem, não fosse algo forçado, mas natural. Na primeira infância é quando podemos incutir o máximo de valores e princípios, pois as crianças são como esponjas que absorvem tudo o que veem e ouvem. A adolescência é o momento de colher os frutos desse investimento. Então, conforme os anos passaram, tivemos de adaptar algumas coisas em casa para que eles pudessem ver mais do que ouvir.

Todos sabemos que os filhos são reflexos dos seus pais. Eles aprendem mais observando do que ouvindo. Por exemplo, falávamos palavras simples entre nós (eu e o Anderson) — como por favor, obrigada, desculpe-me, com licença — de forma mais intencional e clara, para que eles vissem e imitassem.

Quando o Gustavo, meu filho mais velho, era pequeno, tinha um coleguinha mal-educado, bagunceiro, e eu percebia que quase ninguém brincava com ele. De vez em quando, chamávamos esse menino para brincar em casa. Um dia, ele me parou e perguntou: "Tia, por que o Gustavo pede as coisas para você e fala 'por favor' e depois 'obrigado'? Eu não preciso falar isso para a minha mãe, porque eu sou filho, ela já sabe, né?!". Claro que aproveitei a oportunidade para explicar os princípios da honra e do respeito para ele, mas essa pergunta explica muita coisa, não é verdade?

Cristo deixa claro, em João 5, que um filho não pode fazer nada sem que veja o pai fazer. Os judeus, naquela ocasião, estavam perseguindo Jesus por trabalhar no sábado e por dizer que Deus era Seu próprio Pai. Eles não compreendiam quem era o Mestre, e Suas atitudes os incomodavam, pois o Senhor não agia como eles.

> *Então Jesus lhes disse: — Em verdade, em verdade lhes digo que o Filho nada pode fazer por si mesmo, senão somente aquilo que vê o Pai fazer; porque tudo o que este fizer, o Filho também faz. Porque o*

Pai ama o Filho e lhe mostra tudo o que faz; e maiores obras do que estas lhe mostrará, para que vocês fiquem maravilhados. (João 5.19-20)

VALORES DA CULTURA DO REINO

A cultura do Reino de Deus, quando bem estabelecida, promove bons relacionamentos e atrai pessoas ao Senhor. Por isso, acredito que seja importante destacar alguns valores que permeiam a conduta celestial.

Para estabelecer a cultura, é necessário promovê-la, criar situações para aplicar os valores, montar uma estratégia, permitir o que está de acordo e proibir o que vem em oposição.

por **Jackeline Hayashi**

Respeito

Respeitar o espaço do outro dentro de casa já é um bom começo. Quando crianças, nossos filhos são inocentemente mais invasivos, pegam as coisas sem pedir... Quando maiores, precisam respeitar tempo, espaço e bens, independentemente de estarem de bom ou mau humor. Uma família saudável sabe respeitar o espaço do outro, seja ele emocional ou físico, para que haja um ambiente agradável e construtivo.

Excelência

Esse valor pode ser estabelecido na rotina dos filhos desde pequenos, quando arrumam a cama ou os brinquedos. Lembro-me de inventar músicas para incentivar os momentos de organização das crianças. Como hoje eles já são maiores, costumo perguntar: "Você fez o seu melhor? Poderia fazer mais? Então volte e faça!".

Honra

Quando nossos filhos são pequenos, podemos aplicar desde o simples "obrigado" até o esperar que todos se sentem à mesa para começar a comer, por exemplo. Lembro-me de que, na pandemia, criamos um hábito de fazer ligações em vídeo para os avós. Nós colocávamos o nome deles na geladeira e riscávamos, como uma tarefa cumprida, após ligar para suprir sua necessidade de atenção e amor. Precisamos retomar com mais intencionalidade essa prática, mas a honra dentro de casa muitas vezes é mais desafiadora de ser expressa, porque conhecemos as falhas e defeitos dos outros e somos tendenciosos a honrá-los apenas quando desejamos algo em troca, estando a pessoa perto ou não.

Adoração

Nós amamos a Deus e por isso O adoramos com tudo o que temos e somos. Seja com as nossas finanças, atitudes, aptidões artísticas etc. O Anderson, meu marido, sempre deixou disponível e de fácil acesso os instrumentos em casa. Aqui, todos somos movidos por música e amamos adorar a Deus por meio dessa arte. Pode ser que aí, na sua casa, não tenha músicos, mas isso não é o mais importante. O essencial é que expressemos o nosso amor e dependência ao Senhor, seja com a nossa voz, com os movimentos do nosso corpo, com os traços dos nossos lápis ou com qualquer outro dom que Ele tenha derramado sobre a nossa vida.

Sobrenatural

Esteja atento às oportunidades de manifestar o poder do Espírito Santo. Coloque em prática o sobrenatural não apenas na oração antes de dormir, mas no dia a dia. Quando perceber que algum membro da família está doente ou que precisa ser suportado em oração, esteja pronto para interceder por ele e clamar por cura e restauração.

Lembro-me de uma situação em que o Felipe e o Gustavo, meus filhos, queriam muito um skate elétrico, mas, naquele momento, não tínhamos perspectiva de comprar. Foi quando aproveitei a oportunidade para que o Senhor agisse na vida deles e eles crescessem em fé. Disse aos meninos: "Olha, o papai e a mamãe não podem comprar um skate agora, mas vocês sabem que nosso Deus é o dono do ouro e da prata, e é nosso Pai. Vamos orar e crer que vocês ganharão um desses". Nós oramos juntos e, em menos de duas semanas, um amigo nosso ligou durante a noite, convidando-nos para ir à casa dele. Quando chegamos lá, ele entregou uma caixa com o skate elétrico que tínhamos pedido em oração para os meninos.

Também tivemos outra experiência quanto à fome deles pelo sobrenatural. O Gustavo devia ter uns 8 anos de idade e estava expressando há alguns dias o desejo de ver um anjo. Ele me perguntava se poderia ver um anjo, e eu sempre respondia a mesma coisa: "Você só precisa pedir a Deus". Uma noite, antes de dormir, eu estava lendo a Bíblia para eles quando Gustavo lembrou do seu desejo e o mencionou novamente. Então, coloquei uma música baixinho e nós oramos, pedindo ao Senhor que enchesse aquele quarto com a Sua presença e mostrasse ao meu filho o anjo que havia designado para estar com ele.

Passados alguns minutos, o Gu começou a chorar e rir ao mesmo tempo. Emocionado, ele disse: "Eu vi, mamãe, eu vi! Ele está ali na porta, bem branquinho!". Eu perguntei a ele se estava tudo bem, ele disse que se sentia feliz e com vontade de chorar ao mesmo tempo. O Anderson estava na sala naquele momento e achou que eu havia brigado com eles no quarto, porque só ouvia o barulho do choro. Quando foi ao nosso encontro, disse ter sentido a presença de Deus muito forte no ambiente. Tenho certeza de que o Gustavo nunca mais duvidou que o Senhor ouvia suas orações!

Esteja atento às oportunidades e não limite o mover sobrenatural na sua casa. Observe a fome dos seus filhos e junte-se a eles na busca pela presença de Deus!

Discipulado

Nossos filhos são os nossos primeiros discípulos! São aqueles que aprendem e caminham tão próximos a ponto de ter o pó de nossas pegadas em suas roupas, de modo muito semelhante aos *talmidim*, meninos judeus que seguiam algum rabino específico. Aliás, existe um ditado entre eles de que os *talmidim* se destacavam pela fome, pela inteligência, e por cobrirem suas vestes com a poeira dos pés de seus rabinos, de tão perto do mestre que costumavam caminhar. Nossos filhos são como esses discípulos fiéis, como pintinhos atrás da galinha, absorvendo tudo o que fazemos, falamos ou deixamos de fazer e falar. Aproveite o caminho até a escola, a hora de dormir e de comer para discipular as suas crianças.

NOSSOS FILHOS SÃO OS NOSSOS PRIMEIROS DISCÍPULOS!

Sugestão de leitura

Pastoreando o coração da criança, por Tedd Tripp.

Liderança

Se não ensinarmos aos nossos filhos a autoliderança, eles terão muitas dificuldades em liderar uma família no futuro. Após a pandemia, uma preocupação foi acrescentada ao contexto de muitas escolas: a saúde socioemocional. Desenvolver e cuidar desse aspecto da nossa vida tem como reflexo o bom gerenciamento das emoções e do relacionamento com o próximo. No meu ponto de vista, os maiores influenciadores de liderança para nossos filhos não são os professores, mas nós, os pais. Nosso papel não é simplesmente facilitar o caminho, mas educá-los e prepará-los para o futuro, o qual sabemos que não é fácil. Se eles forem fortes e resilientes, poderão permanecer firmes em meio às dificuldades e liderarão suas famílias de forma digna. Não facilite todas as coisas; deixe-os descobrirem que não são eternamente dependentes de vocês.

Quando os meninos eram pequenos, todas as segundas-feiras saíamos com eles para fazer piquenique, em Londrina. Passávamos o dia brincando e curtindo, porque era nosso dia de descanso. Conforme eles cresciam, a segunda-feira continuou a ser o nosso dia, mas, como existe tempo para todas as coisas (cf. Eclesiastes 3.1), começaram a perceber que o dia não era só **deles**, mas que todos tinham suas responsabilidades e que só poderíamos fazer algo juntos se cada um terminasse o que precisava ser feito. Dizer "não", frustrar planos, colocar limites e estabelecer padrões contribui com o desenvolvimento da habilidade de liderança.

Existe um provérbio oriental que, para mim, faz todo sentido:

> Homens fortes criam tempos fáceis e tempos fáceis geram homens fracos, mas homens fracos criam tempos difíceis e tempos difíceis geram homens fortes. Sem tempestade não faz bons marinheiros.

Encontramos tantos outros valores que representam a cultura do Reino de Deus, mas destaquei alguns para ajudar você na implantação ou até mesmo na renovação daquilo que pode ter se perdido no meio da jornada da criação de filhos.

Você vai perceber que está fazendo o que é certo quando observar seus filhos agirem naturalmente — e, de preferência, longe de você, com os avós ou os amigos — de acordo com os padrões que foram estabelecidos em família. Ao encontrarem uma oportunidade e rapidamente replicarem aquilo que vivem dentro de casa, eles demonstrarão que entenderam o quão valioso é o ambiente no qual estão crescendo. Isso valida o ciclo de reprodução da cultura.

CICLO DE REPRODUÇÃO DA CULTURA

Não é incomum que, em algumas fases da vida, os nossos filhos não queiram estar em determinados lugares ou fazer certas coisas. Quando isso acontecer, pergunte para eles o porquê e aproveite a oportunidade para reforçar os valores que vocês têm dentro de casa, estabelecidos pela Palavra. Isso trará mais valor e, com certeza, os impulsionará a proteger mais a cultura; também os ajudará a serem bons profissionais e líderes no futuro, refletindo a Cultura do Reino de Deus em tudo o que fizerem!

Quando compreendemos um hábito ou uma cultura, passamos a valorizá-lo.

ENTENDIMENTO

Se percebemos o seu valor, passamos a protegê-lo.

VALORIZAÇÃO

MULTIPLICAÇÃO

Quando protegemos e perpetuamos um hábito ou uma cultura, trazendo melhorias e excelência, existe a necessidade de expandir e influenciar outras pessoas.

PROTEÇÃO

Ao protegê-lo, naturalmente pensamos em maneiras de melhorá-lo e prepará-lo para as mudanças do entorno.

Quero compartilhar com você nossa experiência quanto às mudanças que já vivemos entre Estados — todas elas direcionadas por uma palavra de Deus. Em cada uma das transições, mesmo eu e o Anderson alinhados em relação à resposta, nós compartilhávamos com nossos filhos e pedíamos para que eles orassem e também buscassem uma palavra do Senhor, pois desde cedo aprendi que não existe Espírito Santo Júnior, e o mesmo Deus que falou com o Anderson e comigo falaria com os nossos filhos da mesma forma. O Senhor, em Sua bondade, sempre os supriu de palavras e experiências sobrenaturais que os ajudam até hoje, nos dias mais desafiadores, fortalecendo-os nas temporadas novas que precisam viver.

Com certeza, trazê-los para participarem do processo de decisão fortaleceu nossa família e os fez crescer na fé, pois, em todas as mudanças, Deus nos honrou e nos fez amadurecer juntos! Amamos esse estilo de vida de entrega e serviço. Hoje, meus filhos estão no mesmo barco, servindo ao Senhor de forma genuína e alegre; eles aprenderam a amar a Deus acima de todas as coisas e continuam se desenvolvendo e vivendo seus processos individuais.

Quando começamos a implantação da Zion Maceió, nós nos reuníamos no salão de um bom hotel, e mesmo assim muita coisa precisava ser adaptada, como som, telão, iluminação, o espaço do ministério infantil, entre outras coisas. No retorno para casa, perguntávamos para os meninos como tinha sido o culto, e eles nos bombardeavam de críticas, pois conheciam o padrão, mas estavam com dificuldades de enxergar os avanços. Sentiam-se incomodados e nos questionavam, pois ainda não havíamos estabelecido naquele local o "cheiro do lar", ou melhor, a cultura da Zion. Quando nossos filhos faziam isso, nós prontamente "devolvíamos o problema" a eles, perguntando o que poderia ser feito para chegarmos lá, trazendo-os para o processo de implantação, uma vez que também tinham ouvido de Deus que Ele nos queria em Maceió. Depois de um tempo fazendo isso, percebemos que uma chave virou, e os meninos começaram a se envolver de forma espontânea na implantação da igreja.

O que você quer colher no futuro vai definir o que fará hoje. Um legado não se constrói de um dia para o outro. Jesus investiu três anos da sua vida de forma 100% intencional e, ainda assim, deixou seus discípulos com a missão de perpetuar Seus ensinamentos até a Sua volta!

Estabelecer a cultura do Reino de Deus se torna mais fácil quando você entende que sua vida com Ele não é negociável. Adotar os costumes celestiais é uma escolha, um estilo de vida.

CRIANDO FILHOS DE PROPÓSITO

QUAL A MELHOR FORMA DE **IMPULSIONAR OS MEUS FILHOS A VALORIZAREM E PROTEGEREM,** EM TODOS OS LUGARES, **A CULTURA DO REINO**?

Especialmente dos 0 aos 7 anos, nossos filhos vão conhecer a cultura do Reino a partir do nosso comportamento, uma vez que eles aprendem ao observar e imitar. Portanto, eu preciso modelar a bondade de Deus o tempo todo, por exemplo, para que saibam como devem agir.

Também os oriento em pequenas ações, bem práticas, ligadas à cultura do Reino. Por exemplo, sempre devem assumir seus erros e pedir perdão a quem é devido, fechar o que abrem, terminar o que começam, limpar suas bagunças e sempre devem cumprimentar a todos quando entram em algum lugar, demonstrando respeito, honra e valor pelas pessoas.

Outro aspecto que considero fundamental a ser ensinado nessa fase é a gratidão. Deixo isso bem presente em nosso dia a dia e continuamente fazemos o "jogo da gratidão", que é quando passamos, em média, 20 minutos expressando tudo pelo que somos gratos.

por **Junia Hayashi**

7 a 12 anos

Com essa idade, as crianças já entendem muita coisa, então é possível trabalharmos de forma mais prática. Em nossa casa, nós identificávamos os valores da cultura do Reino que estavam em falta na nossa família e definíamos quais seriam trabalhados de forma intencional em uma semana, por exemplo. Depois, montávamos estratégias de aplicação daquele valor, dentro e fora de casa. A partir disso, podíamos observar nossos filhos, permitir as ações que estavam alinhadas à cultura do Reino e proibir aquelas que iam contra.

Basicamente, para estabelecer a cultura, é necessário promovê-la, criar situações para aplicar os valores, montar uma estratégia, permitir o que está de acordo e proibir o que vem em oposição.

por **Jackeline Hayashi**

12 a 18 anos

Quando nossos filhos entram na adolescência, já não faz sentido repetirmos algumas coisas, porque eles já não nos ouvem da mesma forma. Para ser leve e intencional, costumo colar alguns versículos no espelho ou na porta do quarto, como uma dica prática. Depois, falo algo como: "Eu estava sentindo que deveríamos decorar alguns versículos, dá uma olhada depois, vai que Deus fala com você...". Assim, eles já entendem o que quero dizer, sem que eu tenha de repetir a mesma coisa o tempo inteiro. É claro que nem sempre conseguimos orientar dessa maneira. Em determinados momentos, precisamos nos sentar e conversar em família para alinhar alguns comportamentos e valores.

Para saber o que está gravado no coração dos nossos adolescentes, também precisamos ser intencionais em nossas perguntas a eles. Às vezes, após um aconselhamento pastoral, levo aos meus filhos alguns exemplos — sem citar nomes, claro —, apresentando uma realidade diferente da que eles estão acostumados, e os pergunto como eles agiriam naquela situação. Também peço que eles reflitam no que a Bíblia diz sobre o assunto. Acredito que o jantar seja um ótimo momento para isso, porque podemos saber o que eles têm vivido na escola, o que acham das coisas que acontecem no mundo, o que a Palavra fala sobre tudo isso... Essas conversas nos ajudam a identificar o quanto os valores do Reino estão sendo aplicados e qual tem sido o posicionamento dos nossos filhos. Também podemos aproveitá-las para impulsionar a leitura bíblica.

por **Paula Yamamoto**

ANOTAÇÕES

ESTABELECER A CULTURA DO REINO DE DEUS SE TORNA MAIS FÁCIL QUANDO VOCÊ ENTENDE QUE SUA VIDA COM ELE NÃO É NEGOCIÁVEL.

CAPÍTULO 7

AMOR OU DISCIPLINA?

por **Paula Yamamoto**

Comecei a escrever este capítulo e me recordei de tantos momentos preciosos! Assim que o meu primeiro filho nasceu, eu me lembro de pensar no tamanho da responsabilidade que estava assumindo a partir daquele momento. Afinal, eu teria em casa um bebê que dependeria totalmente de mim. Mas a verdade é que, à medida que nossos filhos nascem, um botãozinho é acionado em nós. Ficamos alertas o tempo todo e passamos a conhecer um pouquinho do nosso bebê, mesmo tão pequeno — quando está irritado, com fome, com sono etc. Um amor é ativado em nosso interior e nos faz querer alimentá-lo e cuidar dele como uma mamãe leoa. Então conseguimos compreender um pouco mais o que é amar. Amar sem querer nada em troca.

O amor incondicional é o amor que Deus tem por nós, um amor que visa o desenvolvimento saudável de pessoas que crescem com integridade de coração e um caráter segundo o caráter de Cristo. A Bíblia nos orienta a ensinar e corrigir nossos filhos enquanto há tempo, porque isso nos poupará de enfrentar problemas mais tarde.

> *Corrija o seu filho enquanto há esperança; mas não se exceda a ponto de matá-lo.* (Provérbios 19.18)

A disciplina alinha a rota para que possamos cumprir o propósito e, ao tratarmos de erros ou pecados, nos traz de volta ao prumo, dando a direção que Deus tem para as nossas vidas. Porém, quando falamos de crianças e criação de filhos, estabelecemos por meio da disciplina o resgate da rota estabelecida. A criança nasce sem direção e sem limite, e, à medida que vamos estabelecendo padrões em sua vida, seja com horários de mamadas, seja com troca de fraldas a cada hora ou com o momento do banho, ela vai entendendo o tempo certo de cada atividade. Pequenas coisas que estabelecemos como limites se tornam um meio de proteção para os nossos filhos.

Nos primeiros meses de vida, os pais precisam fazer de tudo para seu bebê, porque ele não tem autonomia para executar pequenas tarefas. No entanto, há a fase do

A DISCIPLINA ALINHA A ROTA PARA QUE POSSAMOS CUMPRIR O PROPÓSITO E, AO TRATARMOS DE ERROS OU PECADOS, NOS TRAZ DE VOLTA AO PRUMO, DANDO A DIREÇÃO QUE DEUS TEM PARA AS NOSSAS VIDAS.

"Amor que ensina"[1]: quanto mais a criança aprender a fazer algumas coisas sozinha, mais segura e fortalecida se sentirá. É importante observarmos o momento em que o bebê começa as tentativas de segurar a colher para comer, pois essa é a fase em que ele dá início à busca pela independência — também é quando a bagunça surge, mas até isso faz parte do aprendizado.

DISCIPLINANDO PARA O FUTURO

Precisamos ter em mente que o Senhor nos confiou nossos filhos para sermos Seus mordomos. Isso significa que eles estão conosco para os ensinarmos, e não para sermos seus proprietários. Haverá um tempo em que sairão de nossa casa para viverem suas próprias vidas, e o que permanecerá serão os ensinamentos que demos desde cedo.

Eu me recordo de quando o meu filho era pequeno. Desde os 4 meses, o Pedro ia para o berçário de uma amiga — não me julguem, eu precisava trabalhar naquela época.

[1] Conceito apresentado por Içami Tiba, na obra *Adolescentes: quem ama, educa!*, 2010, p. 28.

Um dia, ao chegar com ele da escola, abri a agenda e estava escrito que ele tinha mordido o amiguinho — meu filho devia ter por volta de um ano e meio. Então, sentei-me de frente a ele, mostrei que tinha algo escrito naquela página e falei: "Filho, a professora disse que você mordeu o amiguinho. Se amanhã isso acontecer novamente, vou tirar sua fralda e você vai apanhar no bumbum". No dia seguinte, assim que o Pedro voltou da aula, eu peguei a agenda em sua mochila e, ao ver o que eu estava fazendo, ele começou a chorar. Foi quando me recordei do que havia dito na noite anterior. Acredite: lá estava o recado de que, novamente, o Pedro havia mordido o amiguinho. Então tirei sua fralda e o disciplinei.

Doeu? Sim, doeu. Mas tive de discipliná-lo porque precisava cumprir o que eu havia falado. Só para deixar os leitores tranquilos, hoje ele é grande, está muito saudável e não mordeu mais ninguém. Deus nos ensina que o pai que ama disciplina seu filho, e eu amo tanto o Pedro e a Aline que prefiro que eles sejam corrigidos por mim do que pelo mundo. Veja o que o Senhor diz:

> ***Porque o Senhor corrige a quem ama e castiga todo filho a quem aceita.*** *É para disciplina que vocês perseveram. Deus os trata como filhos. E qual é o filho a quem o pai não corrige? Mas,* ***se estão sem essa correção, da qual todos se tornaram participantes, então vocês são bastardos e não filhos.*** (Hebreus 12.6-8 – grifos nossos)

Os pais não têm prazer em disciplinar, mas fazem isso porque entendem a importância de ter um filho íntegro, com o caráter transformado. Cada família tem a sua forma de corrigir, eu e meu marido tínhamos a nossa estabelecida, e uma vez que um falasse, o outro não poderia desautorizá-lo na frente das crianças. Quando meus filhos eram pequenos, eu colocava figuras na parede do corredor e deixava uma cadeirinha em frente a elas para ser o local da disciplina. As imagens eram parecidas com as que estão ilustradas a seguir.

Não gritar sem motivo

Não chorar sem motivo

Não brigar

Não ficar brava

Não bagunçar o quarto

Não tomar o brinquedo

Não roer a unha

Não falar palavrão

Essas figuras serviam não apenas para mostrar o que os meus filhos tinham feito de errado, mas era uma forma de reconhecer o pecado e a desobediência. Quando a Aline aprontava, eu a levava ao corredor onde ficavam as imagens e perguntava: "O que você fez?". Ela não sabia falar, mas apontava para o desenho. Então eu lhe dizia para ficar sentada na cadeira de castigo por um tempo que correspondia à sua idade (um minuto por ano de vida); depois, orava com ela e a deixava sair.

Um dia, presenciei uma cena bem engraçada. Passei pelo corredor, e o Pedro estava sentado na cadeira da disciplina, então lhe perguntei: "O que você está fazendo aí?". Ao que ele me respondeu: "Fiz coisa feia". Ele mesmo se colocou de castigo! Marquei o tempo, orei com meu filho e, depois, ele saiu. Então... será que essa estratégia realmente funciona? Comigo funcionou. Talvez você possa estar se perguntando: "Por que não o disciplinou fisicamente?". Porque eu acredito que toda quebra de regra tem uma consequência de acordo com o nível da desobediência. Se a criança ferir fisicamente alguém precisa ter uma disciplina diferente da que teria por jogar ou quebrar algo.

> *Na verdade, toda disciplina, ao ser aplicada, não parece ser motivo de alegria, mas de tristeza. Porém, mais tarde, produz fruto pacífico aos que têm sido por ela exercitados, fruto de justiça.* (Hebreus 12.11)

É importante entender que a disciplina não é somente para o presente, mas, sim, para o futuro. A mordomia com seu filho hoje, levará sua família a colher frutos doces ou amargos na adolescência e na vida adulta.

> *A vara e a repreensão dão sabedoria; mas a criança entregue a si mesma envergonha a sua mãe.* (Provérbios 29.15)

NASCENDO PARA A ADOLESCÊNCIA

À medida que nossos filhos vão crescendo, eles precisam nascer para uma nova fase de suas vidas — a adolescência. Mas será que nós estamos preparados para esse período? É nele em que saberemos o tipo de semente que plantamos na infância.

Por se tratar de um momento de transição, é importante entendermos que os nossos filhos precisam do nosso tempo e atenção. Quando percebemos que estão crescendo e já fazem algumas coisas, nós, como pais, temos a tendência de deixá-los tomarem decisões sozinhos, sem a nossa supervisão. No entanto, precisamos lembrar que essa é a fase em que eles devem receber uma atenção moderada — ou seja, não vamos cuidar como se fossem um bebê, mas estaremos dispostos e disponíveis caso precisem de alguma ajuda. Afinal, nesse período, os adolescentes estão iniciando mais um processo de aprendizado; eles precisam administrar algumas áreas em suas vidas.

É uma estação em que naturalmente se distanciam um pouco dos pais e começam a andar em grupos, de modo que os amigos passam a ter certa voz em seus dias.

Liberdade x responsabilidade

A adolescência é o período em que anseiam pela liberdade, porém não podemos esquecer que toda liberdade precisa ser estabelecida com responsabilidade. O que os adolescentes desejam é não serem tratados como crianças. Para eles, soa ruim ser "o bebê", e, quando os pais agem dessa maneira, impedem que seus filhos mostrem o quão solícitos podem ser, ajudando e se tornando mais companheiros.

Nosso desafio é alinhar o caráter deles e fazê-los reconhecerem suas responsabilidades e as consequências naturais de suas escolhas.

por **Vanessa Dantas**

Algumas mães, por exemplo, sentem dó ao ver seus adolescentes fazendo algum tipo de serviço em casa, e geralmente se voltam a eles para servi-los como se fossem crianças pequenas. A falta de coerência em dar-lhes alguma responsabilidade os torna seres humanos dependentes, imaturos e folgados.

Não faça para o seu filho o que ele pode fazer sozinho. Nós nos tornamos mães de bebês quando nos encarregamos demasiadamente de coisas que o próprio adolescente poderia realizar. Os nossos filhos precisam ter responsabilidade; precisam aprender a arrumar a cama; precisam guardar os materiais escolares no lugar correto — mesmo que a casa conte com uma ajudante; precisam ter responsabilidade por tudo o que está sob seu poder.

Há uma frase que o psiquiatra e educador Içami Tiba dizia: "Todo 'folgado' se mantém graças a um 'sufocado' que o sustenta"[2]. Só existe um folgado porque alguém absorve todo o trabalho que ele poderia fazer e não faz. Será que temos nos sufocado em prol da dependência dos nossos filhos?

> *O homem esforçado dominará, mas o preguiçoso ficará sujeito a trabalhos forçados.* (Provérbios 12.24)

Responsabilidade e serviço

O serviço fortalece a identidade! Precisamos consolidar nos adolescentes a importância de estudar e servir com os seus dons e talentos. À medida que eles servem

2 *Ibidem*, p. 71.

à igreja, podem se desenvolver em várias outras áreas de sua vida, além de crescer emocionalmente.

A igreja é um local em que o caráter do adolescente é trabalhado. Muitas vezes, o que é decidido em grupo, ou até mesmo pela própria liderança local, coloca em xeque inúmeras "convicções". Talvez isso gere algum tipo de conflito, porém com certeza fará os nossos filhos desenvolverem um aspecto relacional — que pode ser interno ou até mesmo alguma habilidade que venha a calhar no mercado de trabalho, por exemplo. É por isso que esse desenvolvimento só pode acontecer se os pais não interferirem na vida de seus filhos tentando resolver situações por eles. Nós precisamos promover nossos adolescentes a uma nova maturidade e estimulá-los a buscarem a Deus e a outras pessoas, se necessário.

Sinto que devo dizer, no entanto, que não podemos esperar que a igreja eduque nossos filhos; esse dever é nosso. A igreja entra como coadjuvante no papel, ajudando-nos a levá-los ao Senhor, mas a educação deve vir dos pais — nós somos os mordomos.

A DISCIPLINA E O AMOR

Se pararmos para pensar, só cuidamos de quem amamos. Portanto, a disciplina demonstra cuidado. Não nos importamos com o que acontece com os nossos inimigos; mas, se amamos uma pessoa, nós nos interessamos por cada detalhe da sua vida. Aprendemos isso com

Jesus, por meio da Bíblia; o fato de Ele nos amar não nos isenta de sermos corrigidos ao quebrarmos alguma regra — afinal, essa é uma consequência das nossas ações.

Sempre que eu precisava disciplinar um dos meus filhos, dizia: "Eu não quero colocá-lo de castigo, mas, quando quebra um combinado ou uma regra, você me faz entender que está pedindo por essa correção". Se não quer disciplina, então não quebre a regra. Isso é o que Deus nos ensina.

A Bíblia é nosso manual de vida. Se obedecermos aos mandamentos do Senhor, tudo nos irá bem (cf. Deuteronômio 11.26-28). Nós já sabemos dessa verdade, mas por que então não a colocamos em prática? Porque muitas vezes queremos viver da nossa própria maneira, da maneira do pecado que ainda habita em nós; mas o Apóstolo Paulo nos lembra de que precisamos ter prazer na Lei do Senhor, guerreando contra as nossas próprias leis (cf. Romanos 7.19-24), a nossa própria forma de viver.

Uma conversa pode mudar tudo

Meu filho ganhou um celular aos 12 anos de idade. Antes de lhe entregarmos o presente, porém, fizemos um acordo: a qualquer momento do dia ou da noite, nós poderíamos verificar o celular e as mensagens. Caso as conversas fossem apagadas, entenderíamos que ele estava nos dando margem para dúvida, e esse era um dos motivos pelos quais confiscaríamos o celular. Com isso, eu sempre olhava o aparelho — porque já havíamos feito o combinado, e eu poderia checá-lo a qualquer momento. Entendo que talvez pareça invasivo, mas prefiro ser invasiva a "aumentar" a privacidade do meu filho e, depois, descobrir que ele estava assistindo à pornografia escondido ou vivendo nas drogas.

Por vezes, acreditamos que nossos filhos sabem se virar e não acompanhamos mais seus devocionais, não perguntamos se estão lendo a Bíblia, não demonstramos que ainda nos importamos com sua rotina e saúde física, espiritual e emocional. Mas uma coisa que precisamos entender é que nem sempre as palavras faladas são exatamente o que o outro está sentindo ou precisando, principalmente se tratando de adolescentes. Mesmo quando parece que eles já sabem lidar com várias situações, continuam a carecer do nosso abraço, do momento de descontração, do cafuné — eles ainda precisam se sentir amados! Provavelmente, se você perguntar ao seu filho adolescente se ele quer um abraço, receberá um "não" como resposta; mas garanto que, se você o abraçar, embora constrangido, ele terá o coração alimentado.

Digo isso porque a disciplina só é compreendida como amor quando você já abasteceu o coração do adolescente com cuidado e afeto. Chega determinada idade em que olhamos para os nossos filhos e os vemos como adultos — talvez por sempre acabarem ultrapassando a nossa altura — mas, no fundo, eles ainda estão em processo de formação e carregam dúvidas sobre como lidar com cada situação. Por isso precisamos deixar o caminho sempre aberto para uma boa conversa.

Um dia, percebi que meu filho estava bem irritado, e tudo o que falávamos era mal interpretado. Passei um tempo orando e pedindo a Deus que nos desse sabedoria para lidar com aquela situação. Então, sentei-me com ele e expliquei que só conseguimos identificar que uma criança deixou de ser criança quando ela aprende a conversar, pois adultos não ficam gritando uns com os outros, mas se sentam para resolver as suas diferenças. Falei ainda que é dessa maneira que podemos expor o nosso coração sem ferir o outro e que, se ele desejava dizer algo, estávamos prontos para ouvir. Naquele momento, orei com o Pedro e pedi ao Senhor que lhe desse maturidade para que pudesse resolver qualquer situação que o estivesse afligindo. Se eu soubesse que uma boa conversa sobre maturidade mudaria a situação, teria feito muito antes! Foi impressionante como, para o meu filho, aquele momento foi uma chave. A partir dali, ele mesmo vinha tirar dúvidas e pedir orientações sobre algumas direções e decisões. Até hoje, quando precisamos resolver alguma coisa, essa tem sido a maneira de trazermos alinhamento.

Já parou para pensar o quão difícil essa fase também é para o adolescente? Fiz alguns devocionais com estudantes do Ensino Médio durante o horário de almoço em uma escola e fiquei impressionada ao constatar que os pais não conversam com os seus filhos sobre aquilo que querem fazer no futuro. Muitos ali já estavam no terceiro ano do Ensino Médio, prestes a prestar o vestibular, e ainda não tinham certeza do curso que iriam fazer. É claro que não quero dizer que os pais devam escolher pelos filhos, mas que podemos ajudar na direção, não só buscando ao Senhor, como ajudando a avaliar as opções e aptidões que nossos filhos possuem.

Uma vez, alguns amigos do meu filho foram fazer um trabalho da escola em nossa casa — eram oito meninos — e, após terminarem, dois permaneceram com o Pedro para revisar o conteúdo; os demais começaram a falar sobre outros assuntos. Enquanto isso, eu estava na sala lendo um livro (na verdade, sempre gosto de ficar por perto, para ouvir suas conversas). Um dos meninos se aproximou e perguntou o que eu estava lendo; logo entendi que ele queria conversar comigo. Então começamos a falar, e ele me perguntou: "Tia, você conversa com seus filhos?", respondi: "Sim, sempre que nos sentamos para jantar, ou durante alguma outra refeição, ou até quando estamos na sala juntos. Por quê?".

Foi quando ele me falou que na sua casa ninguém conversava; seu pai chegava do trabalho, abria o computador e continuava a trabalhar, sua mãe ia para o quarto trocar de roupa e começava a fazer a refeição. Sempre que ele ia falar algo, ela dizia que estava ocupada. Basicamente, cada um cuidava da sua vida e, no jantar, fazia seu próprio prato e comia em qualquer lugar.

Quantas vezes eu também saí do trabalho e, por chegar em casa pensando no que tinha de fazer, não dei a atenção devida aos meus filhos! Depois da conversa com aquele adolescente, fiquei pensando que eu ainda precisava rever certas coisas... Algumas mães podem até pensar que, por estarem em casa, dão a atenção necessária aos seus filhos, mas isso pode não ser verdade. Cuidado! Às vezes, nós nos ocupamos e zelamos mais por coisas do que por pessoas — ou mais pelos de fora do que pelos de dentro de casa —, e, por estarmos tão focados no trabalho doméstico, não dedicamos tempo aos nossos filhos.

Todos nós precisamos avaliar nossas prioridades! Um pão com ovo no fim da tarde pode render mais comunhão em família e alimentar o corpo e o coração do que uma comida superelaborada que não permite ter tempo de mesa. Não estou dizendo para deixarmos de pensar no cardápio da casa ou fazer as tarefas domésticas, mas para tirarmos pelo menos um dia na semana para a comunhão em família. Garanto que fará muita diferença!

> *Se alguém não tem cuidado dos seus e, especialmente, dos da própria casa, esse negou a fé e é pior do que o descrente.* (1 Timóteo 5.8)

DISPONÍVEL PARA OUVIR

> *Portanto, embora eu tenha escrito aquela carta, não foi por causa daquele que fez o mal, nem por*

> *causa daquele que sofreu a afronta, mas* ***para que fosse manifesto entre vocês, diante de Deus, o cuidado que vocês têm por nós.*** (2 Coríntios 7.12 – grifo nosso)

Caso seu filho não fique empolgado com a oportunidade de ter uma conversa, não tem problema. Não desista! Tente encontrar uma maneira de se conectar com ele. Vale ressaltar que o adolescente precisa dos pais e dos amigos, também. Essa diferença é fundamental, pois esses relacionamentos preenchem áreas muito importantes da vida.

Talvez seu filho adolescente seja mais introvertido e, para saber o que está acontecendo com ele, você precise usar algumas estratégias diferentes. Em casa, minha filha sempre foi mais alegre, bagunceira, e permanecia por perto, mas, no fundo, tinha mais dificuldade de comunicar as coisas do coração. Às vezes, quando eu tentava saber como se sentia, ela me cortava e dizia que estava tudo bem. Então comecei a orar, pedindo a Deus que me ajudasse a acessar o coração da Aline; até que, um dia, senti o Senhor me dizer para ir até o quarto dela, sentar-me na cama em silêncio, pegar um livro e, caso ela estivesse no celular ou fazendo lição, ficar quieta no ambiente por um tempo. Confesso que pensei: "Nossa, que coisa doida!", mas comecei a fazer isso. Depois de repetir algumas vezes, ela me perguntou: "Mãe, por que você fica aqui?", eu respondi: "Para você saber que quando precisar, estarei sempre à sua disposição para ajudar no que for preciso". Ela me abraçou e disse: "Eu amo você, mãe". Desde aquele dia, todas as vezes em que entro em seu quarto, a Aline desliga o celular ou para tudo o que estiver fazendo para conversarmos.

Deus é um Deus poderoso! Ele sempre nos dará estratégias para lidar com nossos filhos. Foi o Senhor quem providenciou a salvação para que pudéssemos nos reconciliar com Ele; e é o Senhor quem nos providencia a sabedoria para nos reconciliar com os outros — nosso cônjuge, filhos, familiares, amigos, colegas. Deus sabe tudo, e precisamos aprender a ouvi-lO.

A INSTRUÇÃO QUE GERA FUNDAMENTOS

> *Não tema, porque eu estou com você; não fique com medo, porque eu sou o seu Deus. Eu lhe dou forças; sim, eu o ajudo; sim, eu o seguro com a mão direita da minha justiça.* (Isaías 41.10)

Para colher bons frutos, precisamos semear boas sementes, investir tempo, talento e tesouro. O Senhor não nos falou que seria fácil criar filhos, mas nos disse que nos daria forças e que estaria conosco em cada batalha. Não desista! Quanto mais lutamos, mais somos preparados pelo Senhor.

> *Nenhum soldado em serviço se envolve em negócios desta vida, porque o seu objetivo é agradar aquele*

PARA COLHER BONS FRUTOS, PRECISAMOS SEMEAR BOAS SEMENTES, INVESTIR TEMPO, TALENTO E TESOURO.

> *que o recrutou. Igualmente, o atleta não é coroado se não competir segundo as regras. O lavrador que trabalha* ***deve ser o primeiro a participar dos frutos****. Pense bem no que acabo de dizer, porque o Senhor dará a você compreensão em todas as coisas.* (2 Timóteo 2.4-7 – grifo nosso)

Quando olhamos para 2 Timóteo 2, observamos Paulo instruir Timóteo a se manter firme nos ensinos que ele transmitiu; com isso, também percebemos a importância do discipulado, como o apóstolo fazia com seu seguidor. Não tem como vencer se não obedecermos aos mandamentos do Senhor.

> *Entretanto,* ***o firme fundamento de Deus permanece****, tendo este selo: "O Senhor conhece os que lhe pertencem". E mais: "Afaste-se da injustiça todo aquele que professa o nome do Senhor".* (2 Timóteo 2.19 – grifo nosso)

A Palavra de Deus é o fundamento que estabelece alicerces fortes e leva o adolescente a ter encontros profundos com Ele, afasta-o de toda iniquidade, enche-o de temor e de sabedoria para tomar as decisões e direções corretas, para cumprir o chamado que o Senhor tem para ele.

> *Quanto a você, permaneça naquilo que aprendeu e em que acredita firmemente, sabendo de quem você o aprendeu e que, desde a infância, você conhece as sagradas letras, que podem torná-lo sábio para a salvação pela fé em Cristo Jesus. Toda a Escritura é inspirada por Deus e útil para o ensino, para a repreensão, para a correção, para a educação na justiça, a fim de que o servo de Deus seja perfeito e perfeitamente habilitado para toda boa obra.* (2 Timóteo 3.14-17)

Timóteo foi instruído desde criança nos caminhos do Senhor, portanto havia um legado em sua família — passado de sua avó para sua mãe e, agora, para ele. O legado se torna uma plataforma de bênçãos, pode levar nossos filhos muito além do que nós um dia conseguiremos ir, além de trazer capacitação para que eles cumpram o chamado que receberam.

Amor e disciplina devem andar juntos, segundo a Palavra do Senhor. O discipulado dos nossos filhos — o amor, a compreensão, a instrução, a disciplina, o acompanhamento — é a chave para a transformação de caráter e para um legado precioso e duradouro.

CRIANDO FILHOS DE PROPÓSITO

QUAL O **MAIOR DESAFIO PARA DISCIPLINAR EM AMOR** NAS DIFERENTES FASES DA **INFÂNCIA E ADOLESCÊNCIA**?

Para mim, o maior desafio nessa faixa etária é a paciência, porque na fase inicial da criação de nossos filhos, acabamos ficando muito cansados fisicamente — devido à intensa dependência das crianças de nós e à nossa privação sono. Diante disso, para conseguir disciplinar em amor, precisamos buscar o auxílio do Espírito Santo em meio às dificuldades do dia a dia e não nos entregar ao desgaste físico.

Essa idade requer, ainda, que os pais repitam um mesmo direcionamento diversas vezes, até que as crianças realmente o entendam. Ou seja, a paciência também é fundamental, para que, direcionados pelo Espírito Santo, nós sejamos capazes de respirar e trazer as instruções tantas vezes quanto forem necessárias.

por **Junia Hayashi**

Além da paciência — que aparece de outras formas, mas está sempre presente —, para disciplinar em amor, precisamos olhar além do comportamento, pois, dos 7 aos 12 anos, o coração da criança já aparece mais em suas ações. Ela é capaz de entender que, se mudar sua conduta, provavelmente não será disciplinada. Justamente por esse motivo, é necessário alcançar seu coração e transformar sua intenção, não apenas mudar seu comportamento.

Como nessa fase nossos filhos já conseguem se expressar e explicar de onde veio sua desobediência, podemos levá-los a pensar em seus atos e nas consequências. Assim, manifestamos o amor alinhando o coração.

por **Jackeline Hayashi**

12 a 18 anos

Quando falamos sobre nossos filhos adolescentes, percebemos que eles terceirizam muito a própria responsabilidade, colocando a culpa de suas ações no outro — ou até nos pais. Por isso, nosso desafio é alinhar o caráter deles e fazê-los reconhecerem suas responsabilidades e as consequências naturais de suas escolhas.

Pessoalmente, um grande desafio em minha casa é corrigir lidando com o humor dos meninos. Sou uma pessoa bastante fleumática, e meus filhos são muito engraçados, mas, às vezes, percebo que eles usam essa graça para "abusar". Nem sempre tenho motivos para mudar o ambiente, porém sei que vez ou outra existirá a necessidade de educá-los nesses momentos.

Também preciso me forçar a ser mais forte. Afinal, conforme o tempo passa, nossos filhos vão adquirindo mais força e querem colocá-la dentro de casa. Os pais, em cenários como esses, devem ser mais incisivos, e isso não significa que eles não amem, apenas que precisam se posicionar.

por **Vanessa Dantas**

ANOTAÇÕES

O DISCIPULADO DOS NOSSOS FILHOS
– O AMOR, A COMPREENSÃO,
A INSTRUÇÃO, A DISCIPLINA, O
ACOMPANHAMENTO – É A CHAVE PARA
A TRANSFORMAÇÃO DE CARÁTER E PARA
UM LEGADO PRECIOSO E DURADOURO.

CAPÍTULO 8

SERÁ QUE PEÇO PERDÃO?

por **Junia Hayashi**

Pelo contrário, sejam bondosos e compassivos uns para com os outros, perdoando uns aos outros, como também Deus, em Cristo, perdoou vocês. (Efésios 4.32)

Como cristãos, sabemos que o perdão é um dos pilares fundamentais da nossa fé. Afinal, podemos hoje viver para Deus porque fomos alcançados por Seu misericordioso perdão. Mas, quando falamos sobre esse alicerce tão vital na criação de nossos filhos, será que entendemos onde, como e quando ele entra? Será que nós, como pais, devemos pedir perdão às nossas crianças também? Para responder a essas perguntas, vamos, antes de tudo, entender o perdão à luz da Bíblia.

Perdão é, segundo o dicionário Houaiss:

1. remissão de pena ou de ofensa ou de dívida; desculpa, indulto.
2. [...] ato pelo qual uma pessoa é desobrigada de cumprir o que era de seu dever por quem competia exigi-lo.

Imagino que, assim como aconteceu comigo, essa definição de dicionário já tenha ministrado bastante ao seu coração.

Agora, sigamos para a Bíblia! Nas Escrituras, alguns verbos do hebraico original que são traduzidos como "perdoar" têm como significado "levantar", "levar embora" e, com menos frequência, "cobrir".[1] Todas essas definições apontam para o que o Senhor fez por nós por meio do sacrifício de Jesus Cristo na cruz. O Cordeiro de Deus veio para, de uma vez por todas, tirar o pecado do mundo (cf. João 1.29), e Seu amor cobre, ou seja, perdoa, uma multidão de pecados (cf. 1 Pedro 4.8).

Gostaria que nos atentássemos, também, a alguns versículos, para experimentarmos o poder do perdão que nos alcançou.

[1] Trata-se dos verbos *salach*, *nassah* e *kafar*. Aqui, faço referência ao artigo "O que a Bíblia ensina sobre perdão", de Vilson Scholz, pastor e professor de Teologia Exegética, mestre e doutor na área do Novo Testamento, consultor de Tradução da Sociedade Bíblica do Brasil, professor universitário, tradutor do Novo Testamento Interlinear Grego-Português (SBB) e autor de *Princípios de interpretação bíblica*.

> *Nele temos a redenção, pelo seu sangue, a remissão dos pecados, segundo a riqueza da sua graça.* (Efésios 1.7)

> *Ele nos libertou do poder das trevas e nos transportou para o Reino do seu Filho amado, em quem temos a redenção, a remissão dos pecados.* (Colossenses 1.13-14)

> *Suportai-vos uns aos outros, perdoai-vos mutuamente, caso alguém tenha motivo de queixa contra outrem. Assim como o Senhor vos perdoou, assim também perdoai vós.* (Colossenses 3.13 – ARA)

Esses versículos nos mostram que, além de o nosso acesso ao Reino de Deus vir por causa de Seu perdão, nós somos chamados a perdoar-nos uns aos outros. Jesus nos ensina isso na oração do Pai-nosso, em Mateus 6: "E perdoa-nos as nossas dívidas, assim como nós temos perdoado aos nossos devedores" (v. 12 – ARA), mostrando que recebemos perdão de acordo com nossa capacidade de estendê-lo a outros. Ou seja, uma vez que fomos completamente perdoados, devemos também, sempre e inteiramente, até setenta vezes sete (cf. Mateus 18.22), perdoar o próximo. Pedir perdão e perdoar é para todos que se chamam por Seu nome (cf. 2 Crônicas 7.14). E o Pai não apenas nos perdoa, como também nos sara. Essa é, portanto, a porta de abertura para a cura.

PEDIR PERDÃO E PERDOAR É PARA TODOS QUE SE CHAMAM POR SEU NOME.

Por isso, quando falamos sobre criação de filhos, pedir perdão não é apenas algo bom, mas é necessário. Todos nós estamos no caminho de aprendizagem, tanto pais quanto filhos. Somos todos carentes da graça, do amor e da misericórdia de Deus. Então, quando percebemos que tomamos alguma atitude errada, é nossa responsabilidade pedir perdão **prontamente**.

Um dia, achei que um de meus filhos estava me desobedecendo e o corrigi de forma seca, sem lhe dar oportunidade para se explicar. Ele ficou quieto e de cabeça baixa, até que me dei conta de que eu tinha entendido errado, e ele, na verdade, não estava em falta. Foi quando reconheci o meu erro e lhe pedi perdão. Naquele momento, ele encostou sua cabeça em mim e começou a chorar. Iniciei uma conversa com meu filho, ele expressou que havia ficado muito triste e que não tinha feito nada de errado. Diante daquela situação, tive a oportunidade de construir uma nova ponte de confiança e segurança em nosso relacionamento. Ele havia sido ferido em seu interior, mas o perdão rapidamente curou a ferida e impediu que uma raiz de rejeição e amargura nascesse em seu coraçãozinho.

Vemos que o perdão não é somente uma das colunas do cristianismo, como também é uma coluna essencial na construção de relações familiares saudáveis. Quando praticamos o perdão em nosso lar, manifestamos parte do caráter de Cristo, liberamos uns aos outros da culpa de um erro ou ofensa, e abrimos o caminho para reconciliação e restauração. Assim com a Bíblia nos ensina, o perdão é a expressão manifesta do amor e da misericórdia do Senhor para conosco. Por isso, também devemos manifestá-lo em nosso lar, uma vez que é em casa que nossos filhos experimentarão a primeira expressão de Reino de Deus.

COMO ENSINAR O PERDÃO AOS NOSSOS FILHOS?

Não importa a idade que nossos filhos tenham, eles sempre aprenderão a partir do exemplo. Cada um de nós, tendo consciência ou não, aprende ao observar os outros, e, quando se trata de pai e mãe, ainda mais. Um filho espera que seus pais lhe ensinem todas as coisas, mesmo sem verbalizar isso. Essa é a ordem ideal que o Senhor estabeleceu, ainda que muitas famílias, infelizmente, não a vivam de forma tão equilibrada. Porém, como sempre falo, o que herdamos ou vivemos de negativo deve **parar em nós**, e aquilo que ansiamos ver e viver precisa **começar em nós**. O timing para você ver a mudança é **a partir de agora**.

Voltando a falar da forma que o Senhor estabeleceu, percebemos claramente na vida de nossos filhos que eles aprendem nos observando; há, inclusive, aquela famosa frase que diz que a única forma de liderar é a partir do exemplo.

Posso ilustrar essa afirmação a partir do que vivo em minha casa hoje. Durante a escrita deste livro, estou com um filho de oito anos, Zach, um filho de seis, Koa, um de dois, Beni, e uma de um ano de idade, Kaila. Essa é uma fase de pouco sono e muito desgaste físico, combinada ainda a diversas responsabilidades ministeriais. Com tantas demandas, você pode imaginar como muitas vezes me encontro bastante cansada e sem paciência. Lembro-me de um dia em que estava me sentindo exausta e as crianças estavam "daquele jeito". Entre brincadeiras fora de hora e desobediências, perdi a paciência e ergui a voz com elas. Consigo me lembrar de seus olhinhos assustados olhando para mim. Na hora, fui tomada por uma convicção do Espírito Santo sobre meu pecado e comecei a chorar. Pedi perdão, e, prontamente, meu filho mais velho veio para perto de mim, abraçou-me e disse: "Eu sempre vou te perdoar, mamãe". Eu fui tão tocada por sua reação — aquilo realmente moveu meu coração.

Eu sempre preferia perguntar e explicar que eles podiam ficar chateados, mas não podiam dormir chateados, e que, para ajudá-los, eu queria conversar e entender o que havia ferido seu coração.

por **Paula Yamamoto**

Enquanto recebia aquele abraço tão doce, o Espírito Santo falou comigo: "Ele só sabe perdoar porque observa você perdoando". Em um momento no qual eu experimentava a pior versão de mim, pude ver o poder da vulnerabilidade e da verdade. Eu sabia que tinha errado, mas me humilhei e me arrependi, fui vulnerável e pedi perdão. Diante da minha fragilidade, abri a oportunidade para meu filho pôr em prática o que ele havia visto tantas vezes em mim: toda vez que ele me desobedece e eu tenho de corrigi-lo, ele me pede perdão... e adivinhe qual é minha resposta? "Eu perdoo você, meu filho. Eu sempre vou perdoar".

Nossos filhos são como esponjas, absorvem constantemente tudo o que veem, seja bom, seja ruim. Por isso, é tão fundamental sabermos pedir perdão quando erramos — essa é a chave —, pois eles estão de fato nos olhando.

Enquanto escrevo estas páginas para você, consigo ver a tarefa de casa do meu segundo filho, Koa. E, no exercício de hoje, a pergunta é: "Quem são os exemplos de pessoas sábias na sua vida?". Em sua resposta, ele colocou: "Papai e mamãe". Nós, pais, somos os maiores exemplos na vida de nossos filhos, e isso não nos deve assustar, mas, sim, mover-nos para o temor do Senhor, que é o princípio da sabedoria (cf. Provérbios 9.10) e nos ensina a educar as crianças da forma como Pai nos instrui.

Ao modelarmos o perdão em casa, nossos filhos aprendem o valor da humildade e da vontade de crescer.

Craig Groeschel sempre fala algo muito forte no fim de seus podcasts de liderança: "As pessoas preferem seguir um líder que é sempre verdadeiro do que um líder que está sempre certo". O que isso nos ensina? Que nossos filhos continuarão nos admirando e aprendendo conosco conforme nos apresentarmos constantemente verdadeiros e em busca de crescimento. Ao mostrarmos a eles que também estamos em processo de aprendizagem e que nem sempre acertamos, modelamos a humildade e o coração continuamente ensinável que eles possuem. Com isso, ganhamos influência sobre seu coração.

Todo momento é uma oportunidade para ensiná-los. Sempre que percebo um princípio do Reino, aproveito a chance para trazer embasamento bíblico àquilo. Podemos, por exemplo, usar a história de José, registrada em Gênesis, do capítulo 37 ao 50, para mostrar o poder do perdão — que não impacta apenas nossa vida, tampouco se limita à existência de nossos familiares; o impacto desse ato pode alcançar gerações por vir, assim como aconteceu na vida de José.

COMO ESTABELECER UMA CULTURA DE PERDÃO?

Uma das principais atitudes que cooperarão para o estabelecimento dessa cultura é a prontidão em pedir perdão e em perdoar. Tão logo notarmos que erramos, que machucamos algum membro da família, tão logo devemos reconhecer o erro e pedir perdão. E isso também se aplica ao perdoar — tão logo ouvimos o pedido de perdão, tão logo perdoamos. O perdão não se gasta e deve ser uma prática constante em nossa família. Quanto mais rápida for a aplicação disso, mais fáceis serão os nossos dias e mais harmonia e paz poderemos experimentar em nosso lar.

A fundação de nossa família é Cristo, como já vimos no capítulo 2 deste livro, e o que nos habilita a prontamente optar pelo perdão é o amor com o qual Ele nos amou e nos chama a amar, descrito em Mateus 22.37-39:

> *[...] "Ame o Senhor, seu Deus, de todo o seu coração, de toda a sua alma e de todo o seu entendimento". Este é o grande e primeiro mandamento. E o segundo, semelhante a este, é: "Ame o seu próximo como você ama a si mesmo".*

Quando fazemos da prioridade de fato uma prioridade em nossa vida, somos nutridos para cumprir todo o resto.

Podemos perdoar porque muito amados e perdoados fomos. Na verdade, nós só conseguimos perdoar quando amamos de fato; porém, para que sejamos capazes de amar o outro, devemos, primeiro, amar o Senhor, e só podemos fazer isso porque antes fomos amados por Ele. Ou seja, precisamos nos posicionar debaixo de Seu perfeito amor, para que sejamos capacitados a amá-lO e, então, a amar nosso próximo — isso é o que nos tornará aptos a perdoar.

Por sermos movidos por um amor sobrenatural, somos movidos pela compaixão para com o próximo — estendemos graça, compreendemos os estágios de cada um, agimos com misericórdia divina e não com justiça humana. O perdão carrega em si o poder de aniquilar a culpa, o ressentimento e a ofensa, além de manifestar o poder de curar, restaurar e reestabelecer o elo do relacionamento, que é o amor. No perdão há confiança. Como pais, quando pedimos perdão e o estendemos aos nossos filhos, estamos construindo pontes de confiança com eles, e essas pontes ultrapassarão rios de ofensas, de machucados, de feridas. O perdão é capaz de nos conectar uns com os outros.

Um hábito que ensino aos meus filhos é que, quando há uma quebra de princípio bíblico, eles não pedem perdão somente a quem ofenderam, mas também ao pai terreno deles. Vejo isso com grande importância, pois a Palavra nos fala em 1 João 1.8-9 que devemos confessar nossos pecados a Deus para que Ele nos perdoe e nos purifique. Entendendo que a figura paterna é o primeiro reflexo da autoridade divina na vida dos filhos, é importante que haja confissão de pecado e pedido de

O PERDÃO É CAPAZ DE NOS CONECTAR UNS COM OS OUTROS.

perdão também ao pai, mesmo que este não tenha sido o ofendido. Em nosso lar, todos nós praticamos o perdão, em todas as circunstâncias.

AS 10 COLUNAS DE UM LAR QUE VIVE A CULTURA DO PERDÃO

1. Coluna do amor

Como já vimos, é a partir do amor que o perdão pode ser estendido.

2. Coluna do arrependimento

Quando experimentamos do amor de Deus e sentimos o toque de tamanha bondade, somos levados ao arrependimento. O Espírito Santo nos convence de nosso pecado e Sua bondade faz com que nos arrependamos.

Só poderemos ver mudança em nossa família uma vez que realmente estivermos arrependidos de nossos atos, de nossas condutas; apenas dessa forma estaremos dispostos a mudar.

3. Coluna da humildade

Com a humildade, reconhecemos que somos tão carentes da misericórdia de Deus quanto os outros membros de nossa família. Reconhecemos que estamos no mesmo trajeto de santificação e que carecemos do poder divino. A humildade nos põe em um lugar de pedir perdão a qualquer pessoa, não importando idade ou circunstância.

4. Coluna da autorresponsabilidade

Sempre teremos argumentos para justificar determinadas atitudes em determinadas ocasiões. Mas, enquanto tivermos justificativas, não teremos crescimento. A autorresponsabilidade nos posiciona no lugar de alvo do poder do Espírito Santo para transformação. Assumimos nossos erros e podemos, assim, testemunhar restauração. Ensinar nossos filhos a admitirem suas próprias falhas e responsabilizarem-se por elas, pedindo perdão, promove, além da autorresponsabilidade, o autoconhecimento — habilidades muito importantes para o desenvolvimento de um caráter íntegro.

5. Coluna da prontidão

Não basta assumirmos nossa parcela de responsabilidade, precisamos ser ágeis e prontos a pedir e estender perdão. Quando rapidamente respondemos dessa forma, a ofensa não cria raízes em nós. A prontidão de resposta a situações ofensivas fará de nosso coração um lugar dificílimo para a aderência do insulto, e quanto mais rápido respondermos em perdão, mais demonstraremos a nossos filhos o nosso objetivo de permanecer em constante aprendizado.

6. Coluna da comunicação

Uma comunicação aberta e sincera é essencial para que a cultura do perdão permaneça. Essa troca abre espaço para trazer coisas importantes e continuar aplicando as colunas de um lar que preza e valoriza o perdão.

7. Coluna da compaixão

Compaixão é diferente de dó. O sentimento de dó é de origem humana e não causa transformação. Já a compaixão é o coração de Deus movendo o nosso, e isso empodera o outro a sair do lugar onde estagnou. A compaixão nos faz encontrar a pessoa onde ela está e levá-la para onde ela deveria estar.

8. Coluna da paciência

A paciência nos impulsiona a conceder o tempo necessário para que cada um consiga dar um passo em direção à cura, transformação, mudança. Essa virtude não nos faz colocar todos em nosso próprio ritmo, mas nos permite entender o ritmo de cada pessoa e trabalhar com ela em suas próprias capacidades.

9. Coluna da misericórdia

Quando agimos com misericórdia, estendemos ao próximo o que nos foi estendido também, assim como Jesus descreve na parábola do credor incompassivo, registrada em Mateus 18. Agindo dessa maneira, não demonstramos descaso com o pecado, mas uma revelação da misericórdia com a qual fomos alcançados.

10. Coluna da gratidão

A gratidão nos faz tirar os olhos do que ainda falta e nos reposiciona em um lugar de satisfação pelo que foi conquistado até o momento. Ela nos move para continuarmos a buscar o crescimento, porém contentes pelo que já vivemos. Um coração grato nos auxilia a manter o foco nas qualidades de nossos familiares, reduzindo a tendência a ressentimento, rancor, mágoa e ofensa.

INTEGRANDO O PERDÃO À ROTINA DA FAMÍLIA

Agora, vamos refletir sobre algumas dicas práticas e estratégias de como podemos aplicar essa cultura tão nobre, transformadora e poderosa no dia a dia de nossa família.

1. Ore em família — peça a Deus sabedoria e um coração disposto a perdoar.
2. Implemente o hábito de pedir perdão toda noite antes de ir dormir — crie um ritmo de confissão de pecados e arrependimento.
3. Invista tempo na autoanálise para ensinar a autorresponsabilidade — antes de reagir a uma ofensa, avalie se você também não cometeu alguma falha.
4. Não relembre erros passados que já foram perdoados — essa não deve ser uma arma em discussões futuras.
5. Converse sobre o que aconteceu — expresse seus sentimentos e ouça os do outro.
6. Decida perdoar — o perdão é uma decisão, não um sentimento.
7. Libere o ofensor — se não, você se encontrará preso e amargurado.
8. Crie lembretes visuais — coloque versículos sobre perdão em lugares estratégicos da casa.
9. Seja o primeiro a pedir perdão — não permita que o orgulho impeça a reconciliação.

10. Não espere esquecer para perdoar — perdoamos para poder esquecer e seguir em frente.
11. Perdoe pequenas ofensas — caso contrário, elas se tornarão grandes amarguras.

> *Suportem-se uns aos outros e perdoem-se mutuamente, caso alguém tenha motivo de queixa contra outra pessoa. Assim como o Senhor perdoou vocês, perdoem também uns aos outros.* (Colossenses 3.13)

EFEITOS DA CULTURA DE PERDÃO NA VIDA DOS FILHOS

1. Construção de relacionamentos saudáveis

O perdão ensina nossos filhos a construírem e manterem relacionamentos saudáveis. Ao aprenderem a perdoar e serem perdoados, eles desenvolvem empatia e compreensão, qualidades fundamentais para interações interpessoais positivas e para a resolução de conflitos de maneira construtiva.

2. Promoção da saúde emocional

O constante perdoar coopera para a melhoria da saúde emocional, abaixa a probabilidade de que raízes de amargura entrem no coração e torna nossos filhos mais aptos a lidar de forma saudável com sentimentos difíceis e negativos.

3. Desenvolvimento de resiliência

Conforme desenvolvemos o hábito de perdoar, chegamos à conclusão de que os erros alheios e as ofensas que sofremos não devem definir nossa realidade e que também é possível, após a liberação de perdão, decidir seguir em frente, apesar de qualquer adversidade.

Aqueles que crescem em ambientes que valorizam e enfatizam uma cultura de perdão se tornarão mais adaptáveis em fase adulta e estarão mais bem equipados para enfrentar desentendimentos, contratempos e desafios da vida.

4. Promoção da paz no lar

Um ambiente familiar que conta com a prática do perdão como parte de sua cultura tende a ser mais pacífico e harmonioso, o que faz com que os filhos cresçam com mais estabilidade. Um lar seguro ensina que erros não são fontes de vergonha ou culpa, e sim oportunidades de aprendizado, crescimento e desenvolvimento.

O PODER TRANSFORMADOR DA CULTURA DO PERDÃO

Viver o verdadeiro perdão no contexto familiar pode ser desafiador, mas é fundamental para a construção de seres humanos com o caráter de Cristo, agindo em compaixão, misericórdia, humildade e graça para com os outros. Quando praticamos esse preceito do Senhor, não trabalhamos apenas para o fortalecimento de nossos laços familiares, trabalhamos para a construção de uma sociedade que manifesta a realidade celestial e vivencia o impacto e a transformação de Deus em suas estruturas.

Uma família perdoadora é aquela que reflete o amor, a misericórdia e a graça de Deus, e cria um ambiente onde Seu poder pode fluir e curar as feridas mais profundas, trazendo redenção e restauração.

Ao refletirmos sobre o perdão, identificamos beleza e força em sua estrutura, o que nos convida a reconhecer que temos a oportunidade de viver para Deus. Nossa vida tem suas dificuldades e adversidades, mas ela é um dom do Senhor, e podemos adorná-la com as joias do caráter de Cristo e do fruto do Espírito. O perdão mútuo e constante nos leva a esse lugar de reconstrução do que o Inimigo tentou roubar; viver dessa forma é viver o Evangelho de Jesus Cristo.

É no solo fértil da humildade que o perdão floresce e nos permite reconhecer nossas próprias falhas junto à necessidade de misericórdia, levando-nos a compreender o próximo. A verdade é a base sólida em que podemos construir relacionamentos familiares genuínos, e a honestidade nos conecta, pois é o espelho que reflete o estado de nosso coração, apresentando nossa vulnerabilidade e desejo de acertar, confirmando nossa integridade, mesmo em meio às nossas falhas e aos nossos processos. O perdão que aprendemos com o Mestre é como um bálsamo que cura feridas, uma ponte que restaura relacionamentos abalados, e um reflexo de Seu poder e amor por nós e em nós.

CRIANDO FILHOS DE PROPÓSITO

O QUE DEVO FAZER QUANDO PERCEBER QUE **O CORAÇÃO DO MEU FILHO CONTINUA FERIDO** MESMO **APÓS O PEDIDO DE PERDÃO**?

Eu me lembro que, quando meus filhos eram pequenos e não liberavam perdão, seja para mim ou para alguém que os tivesse magoado, eu dizia que estava tudo bem, mas lembrava que o perdão é uma decisão. Em nossa conversa, eu os orientava a não deixar aquele sentimento ruim crescer.

Em geral, eles perdoam muito rápido nessa idade. Uma vez, o Matheus estava com uma cara emburrada e, ao ver aquela cena, eu comecei a rir, mas ele ficou chateado e chorou muito. Percebi que, ao rir dele, eu havia machucado o seu coração, então pedi perdão e disse que não deveria ter me comportado daquela forma. Depois, falei que o colocaria na frente do espelho para que ele pudesse fazer a expressão que estava fazendo antes; assim, ele mesmo veria se aquela carinha era engraçada ou não. No mesmo instante em que se viu, começou a rir. Usar o humor com nossos filhos pequenos, nesses momentos, é uma boa estratégia para aliviar seu coração.

por **Jackeline Hayashi**

Meus filhos sempre gostaram muito de narrativas, e eu aproveitava isso para contar a eles algumas histórias da minha vida. Compartilhava algum momento em que eu havia ficado magoada quando criança e, em seguida, dizia: "Eu tenho a impressão de que você está chateado comigo. Estou certa?". Então eu sempre preferia perguntar e explicar que eles podiam ficar chateados, mas não podiam dormir chateados, e que, para ajudá-los, eu queria conversar e entender o que havia ferido seu coração. Por meio dessas conversas, eu tentava levá-los para um outro lugar em relação aos sentimentos.

por **Paula Yamamoto**

12 a 18 anos

Acredito que, para os mais velhos, seja necessário trazer consciência e lembrar do que Jesus fala sobre perdão no evangelho de Mateus. Também considero importante sempre conversar sobre exemplos do que vivemos no dia a dia, tentando identificar o motivo de um de nossos filhos estar chateado. Costumo perguntar: "Poxa, você ainda está se lembrando disso? Por que essa situação está machucando você?". Nessas conversas, enfatizo para os meus filhos que o perdão é uma escolha.

Além disso, quando nós, pais, erramos, precisamos ser rápidos em trazer linguagem para a situação, sendo claros sobre qual foi o nosso erro, para que os filhos não somatizem todas as nossas ações. Nesses momentos, com os adolescentes, é fundamental esclarecer a situação e realinhar os papéis, sem deixar as coisas "marinando" demais. Assim, acabamos com a possibilidade de virem novos pensamentos para alimentar a mágoa.

por **Vanessa Dantas**

ANOTAÇÕES

O PERDÃO NÃO É SOMENTE
UMA DAS COLUNAS DO CRISTIANISMO,
COMO TAMBÉM É UMA COLUNA
ESSENCIAL NA CONSTRUÇÃO DE
RELAÇÕES FAMILIARES SAUDÁVEIS.

CAPÍTULO 9

COMO APRESENTAR DEUS AOS MEUS FILHOS?

por **Jackeline Hayashi**

ALGO NÃO PARECIA REAL

Lembro-me do dia em que pude experimentar a presença do Senhor pela primeira vez. Eu tinha nove anos quando meu irmão mais novo, com sete anos na época, quase morreu. Estávamos na igreja e, enquanto ele brincava com bolinhas de gude na parte externa, meu pai permanecia ao seu lado, até que, de repente, deu um grito desesperador, e todos correram para ver o que acontecia. Ele estava com meu irmão no colo e batia em suas costas. Meu irmão, por sua vez, tinha um olhar angustiado — ele havia aspirado uma das bolas de gude. Minha avó o segurou de cabeça para baixo e eles continuavam a tentativa de tirar a bolinha da sua garganta. Ninguém conseguia.

Minha mãe, então, pegou meu irmão no colo e saiu correndo com ele pela rua — todos a seguiram, também correndo. Meu tio, que estava de carro, adiantou-se e lhe ofereceu uma carona. Duas esquinas depois da igreja havia um hospital. Chegando lá, a equipe avisou que não havia material disponível para socorrer a criança e pediu que a levassem a outro hospital próximo, afirmando que avisaria a respeito de sua chegada. Naquele momento, meu irmão já estava ficando roxo e perdendo a consciência.

Meus pais, meu irmão e meu tio foram em um carro; eu fui em outro com as pessoas que nos acompanhavam. Ninguém falava nada; eu apenas escutava orações: estavam todos orando durante o trajeto. Depois, ficamos sabendo, também, que aqueles que haviam ido ao culto permaneceram na igreja intercedendo e clamando pelo meu irmão.

Chegando ao hospital, havia uma equipe à espera dele. Levaram-no direto para o centro cirúrgico. Meu irmão já havia perdido a consciência. Minha mãe foi impedida de entrar. Lembro-me dela sentada na porta do centro cirúrgico, chorando muito e orando em voz alta: "Deus, foi o Senhor que me deu esse filho. Se o Senhor quiser tirá-lo, me dê forças para suportar essa dor. Mas eu Lhe peço, salve meu filho!".

Eu não conseguia chorar; não conseguia entender o tamanho da seriedade da situação. Era como se eu não estivesse ali, como se fosse um filme. Algo não parecia real.

Dez minutos depois, o médico apareceu. Todos estavam preocupadíssimos e já haviam se preparado: esperavam o pior. Minha mãe colocou-se de pé em frente ao médico para receber a notícia. Naquele momento, o silêncio parecia absoluto para ouvir o que o doutor tinha a dizer. "Hoje aconteceu um milagre aqui no hospital!", ele começou. "Seu filho está vivo e bem. Quando íamos iniciar o procedimento, ele se levantou, tossiu e cuspiu a bola, mas não poderia fazer isso sozinho! Ele estava inconsciente, não tinha forças! Alguém o levantou e o fez cuspir a bola de gude! Hoje vimos um milagre! Seu filho é fruto de um milagre!".

Todos começamos a chorar e abraçar uns aos outros! Logo em seguida, trouxeram meu irmão, e corremos para vê-lo. Estava tudo bem, graças a Deus! Depois de algum tempo, uma das enfermeiras nos contou que o filho de um outro doutor havia morrido pelo mesmo motivo na semana anterior. Eles todos ficaram impactados com o que havia acontecido. No domingo seguinte, o médico fez questão de ir à igreja contar para a congregação o que presenciara. Ele havia testemunhado um milagre e passou a acreditar em Deus e no poder da oração após aquele evento — e eu também!

Eu havia assistido à minha mãe entregar meu irmão nas mãos do Senhor. Vê-la chorar e orar daquela maneira mexeu comigo; a sua fé mexeu comigo! Depois que tudo passou, ela sempre falava para meu irmão que Deus o havia salvado e que ele tinha um grande chamado para cumprir. Em todas as situações, ela nos mostrava o Senhor.

CONHECIMENTO É DIFERENTE DE RELACIONAMENTO

Minha mãe se casou com uma pessoa que não temia a Deus — meu pai não era cristão, e isso a fazia sofrer. Mas ela sempre dizia que eu e meu irmão éramos presentes do Senhor dentro daquele casamento; que Ele nos amava e tinha lindos planos para nós.

Deus sempre existiu para mim, porém não me lembro de como aprendi sobre Ele. Eu não me recordo exatamente quando comecei a ouvir sobre o Senhor, assim como também não tenho lembranças de como comecei a falar, de como aprendi a andar ou a comer, nem de tantas outras coisas que nós sabemos ter aprendido em algum momento.

Sei que minha mãe sempre tinha — e ainda tem — muito temor, e queria passar esse mesmo temor a mim e ao meu irmão. Para mim, Deus era alguém real, mas que eu nunca havia conhecido de pertinho, até aquele dia em que experimentamos um milagre por meio da vida do meu irmão.

Eu me lembro do dia em que tomei uma decisão consciente de seguir a Cristo. Embora já fizesse isso, eu precisava tornar público. Naquele dia, levantei a minha mão e fui até a frente do púlpito, em um congresso de adolescentes. Hoje, já casada, sou mãe de duas crianças lindas, que, desde o nascimento, estão sendo apresentadas a Deus diariamente.

Acredito que erramos ao pensar que as crianças precisam ter maturidade ou um certo grau de consciência para apresentarmos o Senhor a elas. Não estou me referindo à Salvação, Novo Nascimento, conversão, batismo nas águas, confissão de fé, batismo no Espírito, dedicação ou qualquer outra cerimônia, ato religioso ou acontecimento específico. Estou falando da consciência e conhecimento da existência de um Deus criador, sobrenatural, transcendental, e de Sua presença.

No entanto, antes de pensar em como podemos alimentar nossos filhos espiritualmente, precisamos nos autoavaliar e refletir sobre como vemos Deus, vivemos nossa fé n'Ele e alimentamos o nosso espírito.

Encontre-se com o verdadeiro Deus

Jesus era muito claro quando falava sobre o Pai. Ele sempre dizia que, ao olharmos para Ele, veríamos Deus Pai (cf. João 14.9); mas eu realmente tinha dificuldade em enxergar isso. A imagem que eu tinha do Senhor era de um ser severo, pronto para castigar, porém isso foi mudando à medida que minha intimidade com Ele aumentava. Conhecer mais Jesus me fez ver a Deus de uma maneira completamente diferente. Conhecer Jesus me fez ter um encontro com o verdadeiro Deus Pai. Por isso, conheça Jesus e você conhecerá Deus!

> *Se vocês me conheceram, conhecerão também o meu Pai. E desde agora vocês o conhecem e têm visto.* (João 14.7)

Antes de sermos pais e mães, como cristãos, somos chamados para sermos imitadores de Cristo; logo, para sermos imitadores de Deus. Se entendemos que nossos filhos nos observam e reproduzem nossas ações e falas a todo momento, automaticamente eles conhecerão o Senhor por meio das nossas vidas, dos nossos atos e dos nossos hábitos.

As pessoas viam Deus por meio de Jesus porque Ele estava constantemente falando com o Pai, constantemente demonstrando a natureza divina com os Seus feitos. Cristo era muito intencional em mostrar o Senhor e honrá-lO.

> *Portanto, sejam imitadores de Deus, como* ***filhos amados****.* (Efésios 5.1 – grifo nosso)

Com isso, também precisamos ter muito cuidado para nunca abandonarmos a verdade de que somos filhos amados, pois tentar imitar Deus sem essa perspectiva pode nos levar ao sentido oposto do que desejamos. Foi isso o que aconteceu com Lúcifer.

> *Você pensava assim: "Subirei ao céu, exaltarei o meu trono acima das estrelas e me assentarei no monte da congregação, nas extremidades do Norte. Subirei acima das mais altas nuvens e serei semelhante ao Altíssimo".* (Isaías 14.13-14)

A consciência de que somos filhos amados, e não órfãos, é o primeiro passo para a caminhada do conhecer a Deus. E essa caminhada nunca terá fim, pois o Senhor tem infinitas facetas a serem conhecidas!

COMO DEVEMOS APRESENTAR DEUS PARA AS CRIANÇAS?

Por sermos pais, existe uma palavra que deve estar em nossa mente todos os dias: **intencionalidade**. Precisamos ser intencionais com nossas crianças se queremos que elas tenham experiências com Deus, vivam uma vida plena e se alimentem espiritualmente.

Tudo deve ser uma oportunidade para apresentar um Deus tão majestoso, mas ainda assim tão acessível.

por **Junia Hayashi**

Mas como podemos mostrar o Senhor se, muitas vezes, não entendemos quem Ele é? Para isso, quero analisar com você Salmos 103.8-13.

> *O Senhor é misericordioso e compassivo; longânimo e assaz benigno. Não repreende perpetuamente, nem conserva para sempre a sua ira. Não nos trata segundo os nossos pecados, nem nos retribui consoante as nossas iniquidades. Pois quanto o céu se alteia acima da terra, assim é grande a sua misericórdia para com os que o temem. Quanto dista o Oriente do Ocidente, assim afasta de nós as nossas transgressões. Como um pai se compadece de seus filhos, assim o Senhor se compadece dos que o temem.* (ARA)

Quem Deus é

| Misericordioso

"Misericordioso" tem sua origem na palavra *racham*, que significa amar, amar profundamente, ter compaixão. Você associa as dificuldades da sua vida a algo errado que fez? Deus, não. Ele não nos trata conforme os nossos pecados nem nos retribui conforme as nossas iniquidades (*avon*, que significa perversidade, depravação, culpas...). Todos nós merecíamos morte e condenação, mas Ele nos ofereceu a vida eterna.

Quantas vezes temos a oportunidade de demonstrar compaixão e misericórdia a alguém? Nesses momentos, podemos ensinar nossos filhos a serem misericordiosos e compassivos com o próximo, assim como Deus é conosco.

Compassivo

A palavra "compassivo" tem sua origem no termo *chanan*, que significa ser gracioso, mostrar favor, ser piedoso. Como você ensina o amor e a compaixão de Deus? Você tem consciência do quanto Ele nos ama? Quanta graça e favor nos alcançam por causa de Sua piedade? Quanta misericórdia Ele tem disponível para aqueles que O temem? A palavra traduzida como "compadecer", no versículo 13, tem a mesma origem de "misericordioso", que é *racham*, significando amar profundamente e ter misericórdia. Ou seja, mesmo com nossas falhas e pecados, Deus Pai enviou o Seu Filho à Terra para que morresse por nós (cf. João 3.16). Essa é a maior prova de amor, misericórdia e compaixão que Ele poderia nos dar.

Longânimo

Originário da palavra *arek*, ser longânimo significa ser paciente, tardio em irar-se. Acredito que esse é um dos pontos principais quando falamos sobre filhos, pois precisamos estar sempre cheios de paciência, e isso não significa ser passivo. O que temos de saber é que quanto mais pedimos por paciência, mais o Senhor nos dá oportunidades para exercê-la. Por isso, se você tem uma criança hiperativa ou com comportamento difícil, agradeça a Deus pela oportunidade de desenvolver paciência e se tornar mais parecido com Ele!

Assaz benigno

"Assaz benigno" significa muito bom. A palavra original para benigno é *checed*, que significa bondade.

Como é o Deus que você reflete? Quando se depara com uma pessoa difícil, retribui conforme as iniquidades dela ou pede ao Senhor para enxergá-la com os olhos d'Ele? Você consegue lançar palavras de encorajamento e declarações de vida sobre ela? Consegue chamar à existência coisas que não existem na vida dos seus filhos, como obediência, tranquilidade, disciplina, responsabilidade, amabilidade?

Perdoador

Até quando dura a sua ira para com uma criança difícil? A ira de Deus não dura para sempre. Ele nos disciplina, sim, e corrige o Seu povo quando necessário, mas nenhum desses estados é infindável. Se o Senhor não Se ira perpetuamente com os nossos filhos — e conosco —, quem somos nós para fazê-lo por mais tempo?

Como você tem ensinado sobre o perdão? Como tem enxergado o perdão de Deus? Você precisa se perdoar por algo? Existe algum aspecto em sua vida no qual você não consegue enxergar o perdão do Senhor? Se isso não estiver alinhado — caso não tenha pedido perdão nem se perdoado, ou não consiga reconhecer o perdão divino sobre a sua vida —, os seus filhos sentirão esse impacto e podem ter problemas nessa área.

Como você vê Deus?

Lembre-se: o Deus que você conhece será o mesmo que mostrará! Você vê um Deus distante, que castiga e é severo? Ou um Pai presente em todas as horas, que socorre Seus filhos quando precisam e Se alegra em suas vitórias?

Quando algo dá errado, muitos ficam aflitos e saem correndo para pedir a ajuda de outras pessoas. Mas como você reage a um problema? Como encara uma doença ou morte? Seus filhos conhecerão o Deus que você apresenta. Não adianta afirmar que o Senhor criou todas as coisas, que Ele ajuda e socorre, mas, diante de uma dificuldade, ficar angustiado ou falar a todo momento sobre o dinheiro e a falta dele. A forma como você reage a uma situação será a forma como sua criança reagirá! Busque em primeiro lugar a Deus (cf. Mateus 6.33), inclusive nas coisas bobas!

Algo se perdeu? Seu filho quer um brinquedo que não cabe no orçamento da família? Orem juntos a respeito da questão! Apresente a sua fé para as crianças e ensine-as a pedir e falar tudo primeiro para **Deus**! Elas são como máquinas de copiar: repetirão seus atos, modo de pensar, a maneira como encara a vida e o próximo.

Diante dos problemas, oriente seus filhos a buscarem a ajuda do Senhor e apresente versículos para que entendam o que Ele já fez e o que ainda faz!

APRESENTANDO DEUS ANTES DO NASCIMENTO

Temos dois momentos para apresentar Deus aos nossos filhos: antes de nascer e após o nascimento. O ideal é que isso aconteça enquanto a criança ainda está sendo gerada. "Como assim, Jackie?". Ao pensar em um nome para seu filho, por exemplo, procure ouvir do Senhor como ele deverá se chamar, busque uma história e o significado.

Assim que descobrimos a gestação do Matheus, levamos um susto! Nós tínhamos apenas nove meses de casados quando eu soube que estava grávida. Não havíamos nos planejado, pois eu tinha um problema para engravidar, e tivemos de entregar a Deus a nossa situação, porque, financeiramente, seria muito difícil. Decidimos que o nome do bebê seria Matheus, que significa "presente de Deus", afinal, ele realmente viera como um presente. Nosso filho cresceu ouvindo isso e acha incrível até hoje! Sempre fizemos questão de reforçar o significado de seu nome, além de afirmar que o Senhor tem grandes planos para ele, pois **Deus** quis que ele nascesse.

Quando descobrimos que estávamos grávidos de uma menina, começamos imediatamente a orar, pedindo a Deus um nome e uma história com Ele. Quase no sétimo mês de gestação, o Lucas estava pintando o quarto da bebê, e veio uma presença tão forte do Senhor que ele se ajoelhou; logo depois, foi convidado pelo Espírito Santo a olhar para a parede. No momento em que meu marido olhou, uma cruz bem grande havia sido formada no meio da parede branca do quarto. Nessa hora, ele discerniu: “Ela é minha e pura! Ela carregará pureza”. E esse é o motivo do nome Bianca.

Se quando os seus filhos nasceram você não tinha entendimento disso e escolheu aleatoriamente o nome deles, peça a Deus para trazer à sua memória o motivo de ter gerado, o que seus filhos significam para você e para sua vida. Ore pela revelação de verdades sobre a sua família e lance fora as mentiras que podem perturbá-los.

Deus é um Deus criador, e você e seus filhos foram feitos à imagem e semelhança d’Ele. Logo, carregam criatividade divina! O Senhor pode ajudá-lo a ter uma história impactante para contar aos seus filhos.

Minha mãe se casou com um homem que não era temente a Deus, que não entendia quem o Senhor era e não queria ter um relacionamento com Ele; mas, como eu já disse, ela sempre nos falava que éramos como presentes divinos em meio à tribulação, que éramos a melhor parte de sua história e que ela não imaginava sua vida sem a nossa presença. Essas verdades me sustentaram, e eu nunca duvidei de que Deus desejara o meu nascimento.

DEUS É UM DEUS CRIADOR, E VOCÊ E SEUS FILHOS FORAM FEITOS À IMAGEM E SEMELHANÇA D'ELE.

Eu me chamo Jackeline, e, quando era criança, sempre perguntava à minha mãe por que eu tinha esse nome; ela só me respondia que o meu pai o havia escolhido. Até que um dia eu procurei o significado: "aquela que supera". Isso foi incrível! A partir de então, eu entendi muitas situações que enfrentei ao longo dos anos, e percebi que Deus me chamava para viver uma vida de superação — de medos, mentiras, circunstâncias e doenças. O Senhor me ajudou a entender a minha história por meio do meu nome.

Atenção,mamãe e papai! Orem constantemente sobre o ventre durante a gestação, estabeleçam a atmosfera celestial de adoração dia e noite para que seu lindo bebê já reconheça a voz de Deus mesmo antes de nascer. A criança no útero sente, ouve e tem experiências. Portanto, sejam intencionais em manter a presença de Deus em sua vida e saibam que o seu filho experimentará algo do Senhor e ouvirá Sua voz.

O Lucas, meu marido, sempre conversava com nossos filhos enquanto estavam no meu ventre. E foi tão lindo ver, na hora do parto, o Matheus parando de chorar quando o ouviu a voz do pai... Ele nunca tinha visto o Lucas, mas reconheceu sua voz. Como pode? Matheus já estava habituado a ouvi-lo, mesmo no ventre.

APRESENTANDO DEUS DEPOIS DO NASCIMENTO

Prepare o ambiente

Bebês reconhecem a voz dos familiares, não é verdade? E se eles forem capazes de reconhecer a voz do Senhor porque proporcionamos momentos de adoração? Depois que nossos filhos nascem, precisamos trazer o Deus vivo para eles todos os dias, mesmo ainda bebês. Mãe, quando você for amamentar, ore e adore durante esse tempo; traga a atmosfera da presença de Deus até o seu bebê; creia que ele estará imerso nesse ambiente! Se você tiver feito o mesmo enquanto ele estava no ventre, provavelmente já estará familiarizado com isso.

Dê o exemplo

Seja intencional enquanto faz seu devocional, deixe seus filhos verem você orar e ler as Escrituras, faça-os se apaixonarem pelo seu Deus e estimule a leitura bíblica mesmo antes de aprenderem a ler. Uma boa forma de fazer isso é presentear as crianças com uma Bíblia e giz de cera, para que elas possam marcar os versículos, assim como você faz. Elas se apaixonarão pelo Livro antes de entender o que ele carrega.

Passei 5 anos fazendo anotações em uma mesma Bíblia durante meus devocionais, e as crianças sabiam do ciúme, zelo e cuidado que eu tinha com ela. Em 2023, embrulhei a Bíblia para presente e dei ao Matheus no Natal. Depois, comecei a fazer anotações em uma nova, e a Bianca já sabe qual será seu presente de Natal daqui a 5 anos. Eles já falaram que vão fazer a mesma coisa com seus filhos, e, com isso, começamos uma tradição em nossa família.

Incentive a leitura

Quando pequena, a Bibi era tão crente que lia e comia a Bíblia — literalmente! Um dia, percebi que uma folha de Salmos estava com um pedaço faltando porque ela tinha comido. Você acha que briguei com ela por ela ter comido o Livro Sagrado? Claro que não! Orei dizendo: "Deus, minha filha comeu a Sua Palavra no natural. Agora, alimente-a espiritualmente". Depois, expliquei a ela que não se comia papel; as páginas de qualquer livro foram feitas apenas para serem lidas. Ela parou de comer a Bíblia, mas continuou "lendo" todos os dias.

Na escola, tanto o Matheus quanto a Bibi foram os primeiros a começarem a ler, e tenho certeza de que isso foi fruto do tanto que eram familiarizados com a leitura, por conta da Bíblia.

Cuide da semente plantada

Sempre que você fizer seu devocional, compartilhe com seus filhos as histórias que leu, o que o Espírito

Santo ministrou ao seu coração e o que você aprendeu sobre Deus e Seu amor.

Quando meus filhos já estavam escrevendo, fiz umas folhas com algumas perguntas para ajudá-los no tempo de leitura bíblica e oração. Isso se tornou um caderno de devocional, que tem algumas questões e campos específicos, entre eles os "motivos de gratidão" — e como é importante ensinar as crianças a serem gratas a Deus e a enxergarem coisas boas diariamente, com um coração sempre agradecido! Além disso, para que soubessem como colocar em prática o que haviam lido, eles também precisavam escrever como poderiam aplicar as verdades bíblicas no dia a dia. Para simplificar a leitura para as crianças menores, eu separava versículos do Novo Testamento, mas as maiores podiam ler todo o capítulo. É incrível ver os nossos filhos encontrarem revelações tão lindas e profundas!

Se você não tem o hábito de fazer devocional, ler e estudar a Bíblia, quero incentivá-lo a ter um caderno de devocional. Faça seus filhos responderem a perguntas como: "O que aprendi?", "Por que isso é importante?", "Como posso aplicar na minha vida?", "Que oração devo fazer depois dessa leitura?".

Hoje, meus filhos já são adolescentes e continuam a ter o hábito de leitura diária. Eles fazem plano de leitura anual, e nós fiscalizamos suas anotações. É lindo ver tudo o que recebem ao ler a Palavra de Deus!

Dê espaço para o sobrenatural

Eu e o Lucas temos "medo" dos nossos filhos — e você deveria ter dos seus, também! Eles estão sempre nos **observando**. Nós pedimos a Deus sabedoria sobre o que fazer em todos os momentos, por isso é nossa responsabilidade dar espaço para o sobrenatural acontecer.

Não coloque seu foco em ter uma casa religiosa, onde só se ouve música gospel, só passa filme gospel... Em vez disso, foque em manifestar a presença do Senhor na vida dos seus filhos e em levar ao seu lar intimidade com Ele, fazendo as crianças entenderem o poder da oração e do relacionamento com o Pai. Seus filhos se machucaram? Não corra para passar remédio. Ore primeiro! Ensine-os a buscarem a Deus em primeiro lugar, em todas as situações. Isso estabelecerá a cultura do Reino dentro de casa.

Um dia, quando o Matheus tinha quatro anos, estávamos recebendo visitas. Em certo momento, pairou um silêncio pela casa, e, como uma boa mãe, comecei a procurar meu filho. Foi quando o encontrei no banheiro. Ao abrir a porta, ele disse: "Mamãe, deu certo!". E eu perguntei: "Deu certo o quê?". "Eu fiz cocô e fiquei com vergonha de gritar seu nome, daí eu orei e pedi para o Papai do Céu chamar você. Quando eu disse 'em nome de Jesus, amém', você entrou no banheiro! Deu certo!". O que fazer nesse momento? Falar para seu filho que foi só uma coincidência? Não! Oramos juntos, ali no banheiro, agradecendo a Deus por ter respondido.

FOQUE EM MANIFESTAR A PRESENÇA DO SENHOR NA VIDA DOS SEUS FILHOS E EM LEVAR AO SEU LAR INTIMIDADE COM ELE, FAZENDO AS CRIANÇAS ENTENDEREM O PODER DA ORAÇÃO E DO RELACIONAMENTO COM O PAI.

Registre os feitos do Senhor

Quando a Bianca tinha cinco anos, voltou da escola e me disse que Jesus havia aparecido para ela na hora do lanchinho. Ela relatou que Ele foi ao seu ouvido e falou: "Bianca, quando você tiver dezoito anos, Eu vou levar você para a África!". Depois de me contar isso, pediu que eu anotasse em meu caderno de recordações, para não nos esquecermos dessa palavra! Ah... o caderno de oração e recordação!

Tenha um caderno em que você possa anotar os pedidos específicos para cada membro da família. Isso o ajudará a ser mais intencional e fiel às orações que você promete fazer — sem contar que um dia seus filhos saberão do seu hábito e vão querer criar um também.

Em meu caderno de oração, tem uma folha para cada membro da nossa família. Um dia, o Matheus pediu para vê-lo e voltou todo admirado enquanto segurava a página com seu nome. Perguntei o que havia acontecido, e ele disse: "Mamãe, você já ora pela minha esposa?!". Então respondi: "Sim! Eu já oro pela sua esposa. Para que essa menina conheça a Deus e tenha um lindo chamado como o seu. Também peço que o Senhor não permita que você se envolva com as pessoas erradas". Ele ficou pensativo depois da minha resposta, e eu creio que isso foi guardado em seu coração.

Hoje, o meu filho tem dezesseis anos e está certo de que se casará com uma grande mulher de Deus. Às vezes, ele vem me mostrar as mensagens que algumas meninas mandam, mas é muito claro para ele que nenhuma delas será sua esposa. Matheus sabe que a mulher com quem se casará será encontrada; ela não irá atrás dele, mas será achada por ele!

Será que nós, pais, sempre acertaremos e seremos intencionais em todos os momentos, sem errar? Impossível! Às vezes — muitas vezes —, nós erramos! Mas precisamos ter humildade para pedir perdão a Deus e aos nossos filhos. Afinal, é necessário que eles aprendam a perdoar quem amam, a pedir perdão e, também, a se perdoar, conhecendo o amor do Pai. Somos nós que precisamos ensinar-lhes isso, por meio das nossas falhas e das falhas deles.

Para apresentar Deus aos nossos filhos, precisamos primeiro entender quem Ele é em nós e através de nós. É nossa responsabilidade sermos intencionais, procurando situações nas quais podemos mostrar um Deus vivo às crianças. Temos de começar o mais cedo possível, de preferência antes mesmo de elas nascerem.

COLOCANDO EM PRÁTICA

Agora, pegue um caderno novinho, ore pedindo ao Senhor que o ajude neste momento. Releia este capítulo e anote **o que** você deseja fazer ou ser em relação à sua vida com Deus. Anote tudo! Escreva à medida que for lendo estas páginas.

Depois de escrever **o que** você quer, escreva o **porquê** de desejar fazer isso. Você precisa registrar o motivo que o faz querer essas mudanças, isso trará clareza para a sua mente.

Por último, escreva **como** você vai fazer para atingir tudo o que registrou. Monte estratégias simples e estabeleça pequenas mudanças. Eu oro para que Deus, por meio do Espírito Santo, dê a você boas ideias.

Quando terminar de escrever tudo, construa o seu caderno de oração. Coloque seu nome no início de uma folha e comece a registrar os motivos pelos quais você é grato; depois, elenque os seus pedidos, pensando no seu corpo, alma e espírito. Escreva as áreas nas quais deseja ver Deus na sua vida; pense em sua família e nas mudanças que espera; não se esqueça de escrever o que depende de você para que seus objetivos sejam alcançados. Insira na sua folha, também, as decisões que precisará tomar para fazer Deus mais presente na sua casa.

Na segunda folha, coloque o nome do seu cônjuge e faça a mesma coisa. Escreva seus pedidos e agradecimentos, registre o que você deseja fazer ao seu lado e qual será o seu modo agir com ele. Não se esqueça de orar pedindo ajuda ao Senhor para conseguir cumprir tudo, e faça um plano de ação para trazer um Deus vivo ao seu casamento e à sua casa.

Na terceira folha, escreva o nome do seu filho mais velho — e faça isso com todos os seus filhos. Depois, crie uma página para a **família**. O que você quer fazer, deseja ser e ter como família? Registre os detalhes e elenque as coisas pelas quais é grato. A folha seguinte pode ser dedicada aos pedidos gerais. Enfim… vá preenchendo seu caderninho com Deus.

Prontinho! Minha oração é para que cada pessoa que ler este livro tenha um encontro com Deus Pai, Deus Filho e Deus Espírito Santo, e sinta um bom constrangimento desse amor, acompanhado de uma enorme vontade de viver e ver o Senhor em todas as situações.

> *Assim brilhe também a luz de vocês diante dos outros, para que vejam as boas obras que vocês fazem e glorifiquem o Pai de vocês, que está nos céus.* (Mateus 5.16)

CRIANDO FILHOS DE PROPÓSITO

COMO FAZER PARA, ALÉM DE APRESENTAR QUEM DEUS É PARA OS MEUS FILHOS, **LEVÁ-LOS A DESEJAREM UM RELACIONAMENTO ÍNTIMO COM ELE**?

Eu busco apresentar Deus de forma muito palpável em tudo o que vivemos. Às vezes, meus filhos têm um momento de tristeza, então oramos juntos e conversamos sobre a situação em questão. Mantemos esse padrão até mesmo em coisas mais simples do dia a dia, quando os oriento a pedir tudo a Deus, pois Ele não está presente apenas durante cultos, mas ao longo de todos os nossos dias.

Lembro de uma vez que, após fazer uma compra por aplicativo, nós recebemos um suco de uva que eu não havia pedido. O Koa, meu segundo filho, ama suco de uva e inclusive havia pedido por um naquele dia. Então aproveitei o momento para dizer que provavelmente Deus havia mandado para ele — o Koa ficou tão feliz que até hoje se lembra do dia em que o Senhor lhe deu aquele presente.

Tudo deve ser uma oportunidade para apresentar um Deus tão majestoso, mas ainda assim tão acessível, para ensinar e apresentar as verdades bíblicas e os valores cristãos. Para isso, é fundamental tirar Deus de um lugar distante e inseri-lO em nosso lar todos os dias, tornando-O acessível nas situações mais cotidianas e simples. Dessa forma, nossos filhos vão desenvolvendo isso e percebendo a presença do Senhor em tudo.

por **Junia Hayashi**

7 a 12 anos

Eu me lembro de que, nessa época, o Pedro gostava muito de ler a Bíblia, mas ele não tinha experiências com o Espírito Santo. Então comecei a orar e perguntar a Deus como eu poderia ajudar meu filho a viver o sobrenatural, e o Senhor me orientou a contar ao Pedro aquilo que eu já havia vivenciado. Passei a relatar, de forma intencional, minhas experiências: eu buscava o Senhor, Ele falava comigo e, muitas vezes, me acordava de madrugada.

Um dia, enquanto o Pedro estava no quarto, ele me disse que já havia passado meia hora ali e que nada tinha acontecido. Tudo o que pude dizer foi: "Persevere". A partir disso, ele começou a ter as próprias experiências com Deus e a se mover no sobrenatural. Ainda com essa idade, ia à quadra jogar bola e, um dia, orou pedindo a cura de um amigo que estava lá — e ele foi curado!

Compartilhar as minhas experiências e as de outras pessoas gerou em meu filho um desejo pelo sobrenatural, o que me fez perceber o quanto precisamos ser intencionais nesse sentido.

por **Paula Yamamoto**

Preciso começar dizendo que, quando construímos uma base sólida na infância, colhemos bons frutos na adolescência. Ao chegarmos a essa fase, percebemos, na verdade, apenas um reflexo do que foi construído. Assim, para aqueles que formaram uma boa fundação, fica bem mais fácil, pois os filhos já crescem com essa trajetória de fé. Hoje, meu filho Gustavo tem falado muito sobre oração, e vejo que isso parte das experiências que ele já teve. Ou seja, foi algo construído.

Por outro lado, com aqueles que não viveram isso, é necessário ser intencional e remeter constantemente ao Pai. Nossos filhos precisam saber que, primeiro, eles são filhos de Deus, e que nós somos apenas bons mordomos do Senhor, responsáveis por cuidar de Suas flechas e afiá-las. Trazer essa faceta de Deus cria a oportunidade para que nossos filhos desenvolvam um relacionamento pessoal com Ele.

Uma dica bem prática para aproximar nossos adolescentes do Senhor é celebrar as pequenas coisas. Hoje em dia, por exemplo, eu sou patrocinada por um salão de beleza, e recentemente o Felipe veio conversar sobre isso, dizendo: "Mãe, como é para você poder ir ao salão sempre que quiser? Deus é muito bom! Imagina... Você não tinha isso quando era adolescente". Ouvindo sua empolgação, respondi: "Deus é o meu *paizão*, não é?". Quando nós celebramos, eles vivem isso conosco e são aproximados do Senhor.

por **Vanessa Dantas**

LEMBRE-SE: O DEUS QUE VOCÊ CONHECE SERÁ O MESMO QUE MOSTRARÁ!

CAPÍTULO 10

GENERAL, EU?

por **Paula Yamamoto**

Eu e você temos a responsabilidade de preparar as flechas das nossas aljavas para voos longos e, algumas vezes, turbulentos (cf. Salmos 127.4). Criar filhos tementes a Deus, íntegros e que sirvam de bons exemplos para outras pessoas não é uma tarefa fácil. Adultos responsáveis, organizados, limpos — infelizmente, esse é um detalhe muito importante nos dias atuais —, que temem ao Senhor, amam servir em Sua casa e entendem o valor de cada uma de suas ações precisam ser crianças e adolescentes disciplinados.

Por vezes, como pais, somos julgados por impor limites às nossas crianças, por mostrar que cada escolha possui uma consequência, ou por deixar que algumas situações adversas forjem o caráter delas. Não estou falando de situações extremas, obviamente, mas de limites saudáveis e circunstâncias controladas por nós, que podem preparar nossos filhos para o futuro de maneira física, espiritual e emocional.

Neste capítulo, quero apresentar alguns passos práticos e dividir algumas experiências que tive com os meus filhos, para ajudar você a fazer dos seus filhos crianças, adolescentes e, em alguns anos, adultos saudáveis e responsáveis.

PLANEJAMENTO E ROTINA

Eu sempre gostei de rotinas, principalmente quando se tratava de família. Acredito que podemos aproveitar muito mais os nossos dias, com hábitos saudáveis, se criarmos essas repetições. Em casa, para que as crianças pudessem viver dessa forma, eu fazia um relógio com figuras e o deixava fixo na porta do quarto de cada um, com os horários para acordar, fazer devocional, ir à escola, almoçar, praticar esportes, tomar banho, jantar e dormir. Como meus filhos eram pequenos e ainda não sabiam ler, poderiam identificar o tempo de cada coisa por meio dos desenhos. Vou deixar um exemplo aqui.

CRIAR FILHOS TEMENTES A DEUS, ÍNTEGROS E QUE SIRVAM DE BONS EXEMPLOS PARA OUTRAS PESSOAS NÃO É UMA TAREFA FÁCIL.

Fonte: adaptado de Vecteezy.

Esse relógio me ajudou muito a ensiná-los a separar tempo para cada atividade. Eu dizia: "Se você controlar suas horas com planejamento, no mesmo dia fará muitas coisas diferentes; mas se não controlar, quando perceber, o tempo terá passado e vai parecer que você não fez nada".

Tudo tem o seu tempo determinado, e há tempo para todo propósito debaixo do céu. (Eclesiastes 3.1)

Sempre busquei separar um dia na semana para termos tempo em família — mesmo que não desse para sair de casa, fazíamos alguma coisa juntos. Por alguns anos, moramos em Caxias do Sul, no Rio Grande do Sul, uma cidade muito fria e úmida. Por isso, no inverno, com crianças pequenas, não dava para sair muito; cheguei a fazer piqueniques na nossa sala de estar — era o dia em família, e eu não podia quebrar nosso combinado de fazer algo diferente. Então, eu simplesmente abria espaço na sala e colocava a toalha de mesa no chão, assim era nosso piquenique pouco comum — mas muito bom!

À noite, mantínhamos o hábito de orar juntos. De vez em quando, fazíamos um potinho com papéis dobrados, e eu escrevia frases variadas como: "Quero um abraço", "Fique mais comigo", "Diga-me uma palavra de carinho". Eu explicava o que tinha ali dentro e dizia a eles que poderiam sortear e entregar um pedido a alguém, para que essa pessoa executasse o que estava escrito no papel. Foi a forma que encontramos de, ao menos uma vez por semana, suprir nossos filhos de algo em que poderíamos estar em falta, pela correria do dia ou simplesmente por fugir da nossa atenção. Procurávamos, também, manter a manhã do sábado livre para ter nosso tempo em família. Esse período era o momento em que buscávamos nos divertir juntos.

A Bíblia conta a história de Jó. Ele amava seus filhos e lhes ensinava a importância de viver em família, mantendo uma rotina de comunhão. Mas não era só isso, acima de tudo, Jó amava ao Senhor e andava no caminho da retidão. Ele prezava pela sua integridade e pela integridade da sua família. Seu amor era tão grande que ele buscava oferecer sacrifícios para garantir que nenhum de seus filhos estivesse em pecado.

> *Os filhos dele iam às casas uns dos outros e faziam banquetes, cada um por sua vez, e mandavam convidar as suas três irmãs a comerem e beberem com eles. Quando se encerrava um ciclo de banquetes, Jó chamava os seus filhos e os santificava; levantava-se de madrugada e oferecia holocaustos segundo o número de todos eles. Pois Jó pensava assim: "Talvez os meus filhos tenham pecado e blasfemado contra Deus em seu coração." Jó fazia isso continuamente.* (Jó 1.4-5)

Quero aproveitar e trazer algo importante: apesar de falarmos muito de nossos filhos, precisamos nos lembrar de que o nosso cônjuge veio antes deles. Priorize e cultive seu relacionamento conjugal, crie momentos especiais. Às vezes, situações difíceis podem acontecer por falta de tempo entre o casal. As mães têm a tendência de sempre priorizar a criança e se esquecer do marido; os pais, por vezes, priorizam o trabalho, e deixam de dar a atenção devida a esse tempo, também.

CONCILIANDO TRABALHO E FAMÍLIA

Trabalhar fora e cuidar dos filhos e do cônjuge é um desafio, mas não é impossível, assim como conciliar o cuidado com a casa e com a família. O que não pode acontecer é abrir mão do tempo de qualidade que vocês passam juntos.

> *É ainda noite, e ela já se levanta, e dá mantimento à sua casa e tarefa às suas servas. Ela examina uma propriedade e adquire-a; planta uma vinha com a renda do seu trabalho. Cinge os lombos com força e fortalece os seus braços. Ela percebe que o seu ganho é bom; a sua lâmpada não se apaga de noite.* (Provérbios 31.15-18)

A duras penas, tive de aprender que melhor é o tempo de qualidade do que uma casa arrumada. Às vezes, a nossa preocupação é dar conta de tudo, fazer o serviço e deixar todos os cômodos em ordem, mas o que vale para nossos filhos é o tempo que passamos com eles. Nos momentos em que estivermos em casa, é importante observá-los, pois a atmosfera do lar nos diz muita coisa.

Há algum tempo, depois de chegar do trabalho, cumprimentei meus filhos e comecei a ver o que precisava ser organizado, pedindo para que cada um colocasse no lugar o que estava fora. Mais tarde, o Pedro me chamou para conversar. Então ele me disse: "Mãe, você chega em casa e começa a dizer o que precisa ser feito; parece que você é a chefe, e nós, os funcionários". Foi fácil ouvir isso? Claro que não! Eu levei um choque. Pedi perdão a ele, falei que tentaria mudar e ainda o agradeci por ter me dito algo que eu não estava percebendo. Assim, no dia seguinte, ao chegar em casa, comecei a me disciplinar para ter um tempo com eles e, depois, fazer as tarefas ou o jantar. Nem sempre é fácil gerenciar tudo, mas precisamos aprender a ouvir o que os nossos filhos têm a nos dizer, também. Isso faz parte do nosso aprendizado como pais — nós não sabemos tudo.

CRIANDO SOLDADOS

> *Então Davi perguntou aos homens que estavam perto dele: — O que será dado ao homem que matar esse filisteu e livrar Israel de tal afronta? Quem é esse filisteu incircunciso para afrontar os exércitos do Deus vivo? E o povo lhe repetiu as mesmas palavras, dizendo: — É isso que será dado ao homem que o matar. Eliabe, o irmão mais velho, ouviu Davi falando com aqueles homens. Ele ficou irado com Davi e disse: — Por que você veio para cá? E com quem você deixou aquelas poucas ovelhas no deserto? Sei que você é presunçoso e mau. Você veio aqui só para ver a batalha. Davi respondeu: — O que foi que eu fiz agora? Apenas fiz uma pergunta.* (1 Samuel 17.26-29)

Davi era um jovem que tinha o coração forjado e os olhos no Senhor, ele não se importou com as afrontas de Golias, mas confiou que Deus lhe daria forças para vencer a batalha.

Quando pesquisamos a respeito da preparação de um militar para a guerra, vemos que seus treinamentos sempre iniciam com o pior cenário possível. Com certeza, não é dessa forma que prepararemos nossos filhos para a vida, mas também não podemos achar que eles não viverão frustrações. Os adolescentes desta geração são fracos emocionalmente porque seus pais os protegem o tempo todo, de tudo e todos; além de os livrarem de situações difíceis e não permitirem que lidem com as questões extremas.

Quando meu filho tinha uns oito anos, nós éramos sócios de um clube. Eu sempre chegava mais cedo para deixá-lo na natação, porque precisava levar a Aline ao balé — dentro do mesmo clube. Mas, um dia, a professora disse que queria falar comigo. Eu congelei por completo quando ela falou: "Mãe, você tem deixado seu filho aqui na natação cinco minutos antes de a aula começar, mas hoje o salva-vidas o pegou abrindo todas as torneiras das pias do banheiro. Ele deixou a água transbordar, e tudo ficou alagado".

Enquanto a professora falava, fiquei pensando: "Meu filhinho não pode estar fazendo uma coisa dessas!". Então lhe disse que conversaria com ele e depois retornaria a ela. Chegando em casa, a primeira coisa que fiz foi repetir para o Pedro tudo o que a professora de natação tinha dito. Perguntei se era verdade, e ele confirmou. Ao conversarmos, questionei se ele já havia feito aquilo anteriormente, e, para minha surpresa, ele disse que sim! Além da disciplina, falei que no dia seguinte ele iria pedir perdão para a professora e para o salva-vidas; meu filho ficou morrendo de vergonha, mas precisava aprender com o que havia feito. Enquanto ele pedia perdão, desabei a chorar — eu sabia que era necessário, porém me doeu muito lidar com aquela situação.

A vergonha do pecado nos faz refletir e avaliar o que estamos fazendo. Muitas vezes, nós acabamos assumindo a culpa e nos desculpando por nossos filhos, em vez de fazê-los reconhecerem seus erros e pedirem perdão.

> *O que retém a vara odeia o seu filho; quem o ama, este o disciplina desde cedo.* (Provérbios 13.24)

Quando lemos a história de Jefté, vemos quantas coisas passou desde sua infância. Nos dias de hoje, poderíamos dizer que ele era um líder improvável, mas honrava o Senhor e a Sua palavra. Ele liberou perdão para seus irmãos, que o odiavam, e os ajudou com os amonitas. Além de estar cheio da Palavra de Deus, Jefté estava também possuído pelo Espírito Santo (cf. Juízes 11.28-29).

> *Jefté, o gileadita, era homem valente, porém* ***filho de uma prostituta****. O pai dele se chamava Gileade. Gileade também teve filhos da sua esposa. Esses filhos cresceram e* ***expulsaram Jefté****, dizendo: — Você não herdará nada na casa de nosso pai, porque é filho de outra mulher. Então* ***Jefté fugiu da presença de seus irmãos*** *e foi morar na terra de Tobe. Ali* ***alguns homens sem valor se juntaram a ele***

> ***e o seguiam****. Passado algum tempo, os filhos de Amom entraram em guerra contra Israel. Quando os filhos de Amom atacaram, os anciãos de Gileade foram buscar Jefté na terra de Tobe. E disseram a Jefté: — Venha ser o nosso chefe, para podermos lutar contra os filhos de Amom. Porém Jefté disse aos anciãos de Gileade: — Vocês não são aqueles que me odiaram e me expulsaram da casa de meu pai? Por que vêm a mim agora, quando estão em aperto? Os anciãos de Gileade responderam a Jefté: — É por isso que agora estamos voltando a você.* ***Venha conosco e lute contra os filhos de Amom. Seja o nosso chefe sobre todos os moradores de Gileade.*** (Juízes 11.1-8 – grifos nossos)

Nossos filhos precisam ser criados com emoções saudáveis, não se deixando influenciar pelas circunstâncias. Dessa forma, o que os outros disserem a respeito deles não os definirá, mas, sim, a Palavra do Senhor. Por isso a Bíblia nos fala:

> *Estas palavras que hoje lhe ordeno estarão no seu coração. Você as inculcará a seus filhos, e delas falará quando estiver sentado em sua casa, andando pelo caminho, ao deitar-se e ao levantar-se.* (Deuteronômio 6.6-7)

No início de 2023, minha filha mudou de sala na escola e viveu algumas situações bem difíceis com a nova turma. Comecei a ficar preocupada, porque ela chegava da aula e, triste, ia para o seu quarto. Um dia, quando fui conversar com ela, Aline me pediu para mudá-la de escola; mas, enquanto eu orava sobre a situação, senti que não devia fazer isso — apesar de a instituição não ter princípios cristãos.

Algumas pessoas mais próximas me perguntavam por que eu não transferia minha filha para outra sala ou escola, e eu respondia que precisava criar uma menina forte emocionalmente e que ela tinha de acreditar que Jesus agiria na vida dela, porque a amava. Então, conversei com a Aline e expliquei o que eu tinha sentido do Senhor; falei que iríamos orar e vencer aquela situação juntas, e que, para isso, eu precisava que todos os dias ela me contasse como as aulas estavam sendo. Nós decidimos confiar no Senhor.

Na semana seguinte, uma nova menina mudou para a escola da minha filha e passou a fazer parte da sala dela, o que lhe deu uma oportunidade para iniciar uma nova amizade. Melhor ainda foi o que Deus falou à Aline! Ela entendeu que Ele tinha algo para sua vida e que ela precisava evangelizar. Então, começamos a orar e, naquela semana, minha filha montou um grupo de evangelismo do 1LUV[1] — braço do Dunamis que

[1] Para saber mais sobre o 1LUV, acesse *https://dunamismovement.com/1luv/*.

promove a transformação escolar Brasil afora —, que a ajudou a ser mais corajosa e ousada.

Durante uma aula, a Aline orou por um professor, e ele foi curado! Esse professor falou diante da sala que a oração dela era poderosa. Glórias a Deus por isso! O Senhor sempre é fiel! Ela colheu o fruto da sua própria oração.

Não tem como criarmos filhos fortes se nós não nos arriscarmos, deixando que eles enfrentem algumas situações difíceis. Como pais, precisamos estar na retaguarda, mas temos de sair da zona de conforto para vermos ainda mais do agir do Senhor.

MINHA CASA, MINHAS REGRAS

Compartilho tantas boas histórias com você, mas nem sempre tudo foi fácil. Algumas pessoas me perguntam muito sobre a fase de nove a onze anos... Essa é uma etapa em que existe uma disputa constante com os pais, quando a teimosia tenta imperar. Eu a chamo de fase do "braço de ferro". Nesse período, vale ter novamente a conversa de como funcionam as regras da casa e o motivo de precisarmos acompanhar o que eles estão vivendo e fazendo. É uma época em que as festas de aniversário são mais frequentes e os amigos querem estar mais juntos. Infelizmente, nessa idade, a sociedade já começa a sexualizar as nossas crianças e a normalizar algumas atitudes que deveriam chegar só mais tarde na vida dos nossos filhos. Logo, é importante já ter tido várias conversas e explicações com relação a namoro, pecado e sexo.

> *Ensine a criança no caminho em que deve andar, e ainda quando for velho não se desviará dele.* (Provérbios 22.6)

Houve uma época em que meu filho não queria ir à igreja; na hora de sair, sempre estava mal-humorado. Mas, apesar do mau-humor, havia um acordo entre eu e meu marido: **não ir à igreja não é uma opção**. Nos dias da reunião dos adolescentes, quando chegava a hora de levá-lo, ele fingia que estava dormindo. Então, meu marido falava: "Está com sono, vai com sono mesmo. Pode levantar!". Todo sábado ficava aquele climão em casa, porém não ir à igreja não era uma opção. Ele fazia corpo mole para ver se desistíamos, mas nós voltávamos a dizer: "Não ir à igreja não é uma opção". Então, o menino ia completamente irritado, e nós ficávamos orando e repreendendo todo mal. Todo sábado era uma luta!

Uma vez, fui levá-lo à igreja e, ao chegar à porta, ele me falou: "Eu não vou entrar!". Eu disse: "Você tem duas opções: ou entra e curte tudo o que Deus vai fazer nesta noite, ou fica comigo no carro até o culto acabar; eu só saio daqui depois que o culto terminar". Por dentro, eu estava orando sem cessar — imagine como seria o clima dentro do carro?! Ele desceu, bateu a porta e entrou na igreja. Eu fiquei do lado de fora orando, repreendendo todo espírito contrário ao do Senhor e tudo o que pudesse atrapalhar o tempo dele na reunião de adolescentes. Quando o culto terminou, o Pedro chegou no carro e me falou: "Mãe, me perdoa. Alguma coisa não queria me deixar buscar a Deus".

Não podemos renunciar aos nossos filhos, deixando que vivam como quiserem. Nós os criamos com propósitos! O mundo diz que precisamos respeitar a decisão deles, porque são adolescentes etc., mas todo lar precisa de regras. Geramos filhos para o Senhor, não para viverem como quiserem. Nossa casa, **nossas** regras — obedecer não pode ser uma **escolha**.

> **Se nossos filhos não nos obedecem, mesmo nos enxergando, como obedecerão a Deus, que não podem ver?**
>
> *por* **Jackeline Hayashi**

A ADOLESCÊNCIA AINDA É TEMPO DE EDUCAR

O adolescente está preocupado com o momento, com tudo o que se refere ao presente. Ele quer viver o agora e se esquece de que esse tempo é também o de semear, de gerar para o futuro por meio da sua vida com

Deus e dos seus estudos. Como ainda não possui visão em longo prazo, nós é que precisamos dar-lhe a direção.

> *Herança do Senhor são os filhos; o fruto do ventre, seu galardão.* ***Como flechas na mão do guerreiro, assim são os filhos da sua mocidade.*** *Feliz o homem que enche deles a sua aljava; não será envergonhado, quando enfrentar os seus inimigos no tribunal.* (Salmos 127.3-5 – grifo nosso)

O pai é o guerreiro e, antes de soltar as flechas (filhos), precisa direcioná-las com precisão. Enquanto elas estão em suas mãos, ele pode guardá-las e, também, aparar suas arestas, mas, uma vez que as soltar, cabe a elas irem na direção que lhes foi dada.

Enquanto os filhos não são emancipados, as responsabilidades de sua vida estão nas mãos dos pais. Quando eles se tornam adolescentes, encontramos dificuldades em discipliná-los porque desejamos nos manter próximos e não queremos que o nosso relacionamento seja ferido. Com isso, se não cuidarmos, acabaremos tolerando o pecado em suas vidas. Se não confrontarmos o pecado, a semente ruim germinará até dar frutos — e frutos que trarão tristeza, perpetuando para as próximas gerações.

> *Porque eu já disse a ele que julgarei a sua casa para sempre, pela iniquidade que ele bem conhecia, porque os seus filhos trouxeram maldição sobre si,*

> *e ele não os repreendeu. Portanto, jurei à casa de Eli que a sua iniquidade nunca será expiada, nem com sacrifício, nem com oferta de cereais.* (1 Samuel 3.13-14)

Nossos filhos precisam saber que vamos lidar com a desobediência conforme o Senhor nos ensinou, com disciplina. Se não os corrigirmos, Deus corrigirá a nós, pais. Quando não há repreensão, os pais vão se distanciando dos filhos, e os filhos dos pais. Nesse momento, dá-se início à rebelião no coração do adolescente.

> *Melhor é a repreensão franca do que o amor encoberto.* ***Leais são as feridas feitas pelo que ama****, porém os beijos de quem odeia são enganosos.* (Provérbios 27.5-6 – grifo nosso)

Como pais, temos de levar nossos filhos a reconhecerem seu erro. Seja por meio de uma conversa séria, ao apontar a situação, ou da disciplina calcada na sabedoria e na graça do Senhor. Pode ser necessário até a privação de algo, celular ou algum outro benefício que fora concedido, mas o que não podemos fazer é deixar de discipliná-los, como se não estivéssemos vendo.

Existem adolescentes que aprenderam a lidar com seus pais usando a chantagem, o choro; aprenderam a lidar com a resistência, insistindo até conseguirem o que querem, ou seja, vencendo pelo cansaço. A Bíblia nos ensina que a nossa palavra precisa prevalecer, não podemos ceder por causa da insistência dos nossos filhos, mas temos de manter o nosso "sim", quando for sim; e nosso "não", quando for não.

> *Que a palavra de vocês seja: Sim, sim; não, não. O que passar disto vem do Maligno.* (Mateus 5.37)

A falta de disciplina e a falta de confronto com o pecado roubam a autoridade dos pais, levando o adolescente a perder o temor ao Senhor. Se um filho não aceitar a disciplina dos pais, a quem vê, como poderá ter temor a Deus, a quem não vê?

> *Os filhos de Eli eram homens malignos e não se importavam com o Senhor. O costume desses sacerdotes com o povo era este: quando alguém oferecia um sacrifício, o servo do sacerdote vinha com um garfo de três dentes na mão e, enquanto a carne estava cozinhando, enfiava o garfo na caldeira, na panela, no caldeirão ou na marmita, e tudo o que o garfo tirava o sacerdote pegava para si. Assim se fazia a todo o Israel que ia ali, a Siló. Também antes de se queimar a gordura, o servo do sacerdote vinha e dizia ao homem que estava oferecendo o sacrifício: "Dê um pedaço desta carne*

> *para o sacerdote assar. Ele não aceitará de você carne cozida, mas apenas crua." Se o ofertante lhe respondia: "Deixe que primeiro queime a gordura, depois você pode pegar o quanto quiser", o servo do sacerdote dizia: "Não. Você tem de entregar essa carne agora. Se não, eu a pegarei à força." Era, pois, muito grave o pecado desses moços diante do Senhor, porque eles desprezavam a oferta do Senhor.* (1 Samuel 2.12-17)

Quando o adolescente, ao pecar, não encontra limites, o pecado que está em seu coração se prolifera, cresce. Se diante de uma situação assim não corrigimos nossos filhos, honramos mais a eles do que ao Senhor.

> *Por que tratam com desprezo os meus sacrifícios e as minhas ofertas de cereais, que ordenei que se fizessem na minha morada? E, você, **por que honra os seus filhos mais do que a mim**, para que você e eles engordem com as melhores partes de todas as ofertas do meu povo de Israel?* (1 Samuel 2.29 – grifo nosso)

Nossa missão é construir uma família que viva e transmita os valores do Reino de Deus, mas só conseguiremos educar nossos filhos pautados no amor, na sabedoria e integridade, se vivermos isso com o Senhor. Que sejamos persistentes nessa jornada, para sermos aprovados na missão que o Pai nos confiou.

CRIANDO FILHOS DE PROPÓSITO

QUAL O SEU MAIOR **DESAFIO EM IMPOR LIMITES E ROTINAS** AOS SEUS FILHOS? **COMO VOCÊ VENCEU ISSO**?

Eu tenho uma personalidade e um temperamento bem fortes, então impor limites nunca foi uma grande dificuldade para mim. Meu maior desafio foi aprender a lidar com o temperamento e a personalidade dos meus filhos. Com cada um deles, por mais que seja um processo até chegar ao momento em que compreendem quem é a autoridade do lar, eu me lembro bem de quando houve o romper e realmente entenderam que precisavam obedecer a mim e ao Teófilo. O interessante é que sempre aconteceu antes dos dois anos de idade e, por isso, não lidamos com os famosos *terrible twos*.

Não foi fácil, mas me dediquei muito para conseguir "vencer essa batalha", construir o caráter das crianças, estabelecer limites e ensiná-las a cumpri-los. Mesmo que resistam no início, temos o dever de nos posicionar firmemente e lembrá-los que existem limites e regras a serem seguidos — essa é uma grande chave para estabelecermos rotinas saudáveis para eles. Não podemos desistir nesse processo, pois é para o bem dos nossos filhos. Meu desejo é moldar sua personalidade para que eles cresçam, desenvolvam-se e se tornem os adultos que o Senhor planejou. Para isso, é necessário olhar para eles com olhos proféticos.

por **Junia Hayashi**

É fundamental aproveitar as oportunidades, inclusive as brincadeiras, para lembrar nossos filhos que os pais são mais fortes e têm o controle sobre as situações.

Sempre me lembro do salmo 127, que fala que nossos filhos são como flechas. A questão é que cada flecha tem uma curvatura, ou seja, cada filho exige um nível de disciplina — precisamos saber até que ponto podemos encurvá-los e quando devemos soltá-los. Talvez esse seja um grande desafio para nós.

O ponto principal é que não podemos desistir. Por vezes, para estabelecer a rotina, tive de ficar parada na frente do quarto esperando meus filhos dormirem. Em outra situação, o Anderson chegou a colocar os dois em pé, encostados na parede, e disse: "Se vocês não querem dormir, vão ficar acordados e em pé". Meu marido permaneceu firme, mesmo com muita vontade de rir daquela cena. Depois de um tempo, os meninos começaram a conversar: "Gustavo, você está com dor na perna? Eu estou...".

O que tiro disso é a importância de permanecermos firmes quando nos propomos a corrigir. Escolha as batalhas que você vai lutar e siga até o fim, pois, nesses casos, não podemos perder nem voltar atrás.

por **Vanessa Dantas**

12 a 18 anos

Se desde a infância nós deixamos claro quem manda e quem obedece no lar, ao chegar à adolescência, nossos filhos sabem como funciona essa hierarquia. Eu acredito que, em todas as fases, é fundamental escolhermos as batalhas que nós vamos lutar, como a Vanessa pontuou.

Há alguns anos, eu e o Lucas estabelecemos um limite para o Matheus: não tem mais videogame dentro de casa. É claro que ele vai tentar contornar isso de alguma forma, perguntando se pode comprar, se um amigo pode emprestar... Independentemente da tentativa, a resposta continua sendo "não". E eu sempre digo: "Tudo bem você tentar, desde que não nos desrespeite. Eu admiro a sua determinação. Parabéns! Use isso para ir até o fim nos seus projetos, mas a ordem aqui ainda é a mesma".

Assim, eu acho que a maior dificuldade da fase dos 12 aos 18 anos talvez seja lidar com essa tentativa de manipulação emocional. Nós, como pais, precisamos nos perguntar: se nossos filhos não nos obedecem, mesmo nos enxergando, como obedecerão a Deus, que não podem ver? Se eles não nos honram, como vão honrar a Deus? Isso é um princípio bíblico, por isso precisamos permanecer firmes nos nossos direcionamentos.

por **Jackeline Hayashi**

ANOTAÇÕES

EU E VOCÊ TEMOS A RESPONSABILIDADE DE PREPARAR AS FLECHAS DAS NOSSAS ALJAVAS PARA VOOS LONGOS E, ALGUMAS VEZES, TURBULENTOS.

CAPÍTULO 11

FAMÍLIAS QUE DISCIPULAM NAÇÕES

por **Junia Hayashi**

Acredito que, depois de tantos capítulos e informações a respeito de criação de filhos, você esteja se perguntando qual a razão de tudo isso. Assim como cada detalhe do que o Senhor fez e faz, nossas famílias também carregam um propósito divino. Por isso, os conhecimentos aqui compartilhados não têm por objetivo o discipular simplesmente pelo discipular — até mesmo isso tem um propósito maior.

Muitas vezes, pensamos que o objetivo de Deus quando fez a criação e posicionou o homem e a mulher no Jardim do Éden era simplesmente estabelecer e cultivar um relacionamento com o ser humano. Apesar de isso ser parte do plano do Senhor, não o é em sua plenitude.

Após a Queda e a entrada do pecado no mundo, passamos a necessitar de salvação, cura, milagres, restauração. Isso também é uma fração do que Deus vem operar no mundo, mas os propósitos d'Ele não param aí. Precisamos voltar para a origem e entender qual era o projeto inicial do Senhor.

> *Assim Deus criou o ser humano à sua imagem, à imagem de Deus o criou; homem e mulher os criou. E Deus os abençoou e lhes disse: — Sejam fecundos,* ***multipliquem-se, encham a terra e sujeitem--na. Tenham domínio*** *sobre os peixes do mar, sobre as aves dos céus e sobre todo animal que rasteja pela terra.* (Gênesis 1.27-28 – grifo nosso)

> *O Senhor Deus tomou o homem e o colocou no jardim do Éden para* ***o cultivar e o guardar****.* (Gênesis 2.15 – grifo nosso)

Essas passagens representam o que chamamos de "mandato cultural", o primeiro comando dado por Deus para o primeiro casal, que deveria cuidar do jardim e fazê-lo crescer, expandir e frutificar. Ao olharmos para elas, vemos algumas palavras-chave: multipliquem, encham, sujeitem, domínio, cultivar e guardar. Ou seja, desde o princípio, antes mesmo de o pecado entrar no mundo, o Senhor já havia dado ao homem uma tarefa — responsabilidade, governo, liderança, trabalho, mentalidade multigeracional. Em Habacuque 2.14, vemos o intuito final de todo esse comissionamento de Deus.

> *Porque a terra se encherá do conhecimento da glória do Senhor, como as águas cobrem o mar.* (Habacuque 2.14)

Com toda essa direção e encargo dados por Deus a Adão e Eva por meio do mandato cultural, entendemos que o propósito final era de que toda a Terra fosse cheia do conhecimento da glória do Senhor. Isso nos indica que, por mais que seja essencial nos dedicarmos às pessoas que precisam ser salvas, ao faminto que deve ser alimentado, à viúva e ao estrangeiro que têm de ser cuidados, ao órfão que precisa ser acolhido e às pessoas que necessitam de cura, esses ainda não completam o objetivo final que o Senhor tem para operar por meio de Seu povo. Desde o princípio, portanto, o alvo de Sua criação era que a Terra fosse cheia do conhecimento de Sua glória, assim como as águas cobrem o mar.

Agora, para mim, o mais lindo é o "veículo" que Deus escolheu para que o conhecimento de Sua glória enchesse a Terra: a família. Quando lemos Gênesis 1.27-28, vemos que o Senhor fez o ser humano, de acordo com a NAA, à Sua imagem e semelhança. Nas versões antigas, líamos apenas "o homem" e, por isso, muitos de nós até chegamos a pensar que o "chamado" não incluía as mulheres. Porém, logo em seguida, lemos "[...]

homem e mulher os criou" (v. 27). Ou seja, o Senhor formou ambos à Sua imagem e semelhança com uma incumbência enquanto estivessem neste mundo. Ele os abençoou e comandou que fossem fecundos, que se multiplicassem, enchessem a Terra e sujeitassem-na, tendo domínio sobre ela. Deus entregou ao homem e à mulher a responsabilidade de serem pais, em primeiro lugar; e, depois, de encherem a Terra com o conhecimento de Sua glória, tendo domínio e governando sobre ela. Não é lindo ver que criar nossos filhos é, além de uma alegria e um privilégio, um chamado de Deus para cumprir com Sua primeira ordenança ao homem? O Senhor poderia ter escolhido qualquer outra forma para cumprirmos o mandato, porém determinou que fizéssemos através da família.

É importante entendermos que temos esse chamado e essa responsabilidade, mas que eles chegarão à sua plenitude apenas na segunda vinda de Cristo. Isso não deve, todavia, nos causar tristeza ou falta de vontade de realizar aquilo que somos convocados a fazer. Muito pelo contrário: deve nos impulsionar a cumprir os desígnios do Senhor e preparar o caminho para o retorno de Jesus, que nos ensina, na oração do Pai-nosso (cf. Mateus 6), que a vontade do Pai deve ser realizada na Terra assim como acontece no Céu. Ou seja, até que Jesus volte, obedecemos a Deus e promovemos o avanço de Seu Reino por meio de nosso serviço à vontade do Pai, de nossa colaboração com Cristo e de nossa dependência do Espírito Santo. Entretanto, a pergunta é: como preparar o caminho, avançar o Reino e encher a Terra com o conhecimento de Sua glória?

DISCIPULANDO NAÇÕES

> *E disse-lhes: — Vão por todo o mundo e preguem o evangelho a toda criatura. Quem crer e for batizado será salvo; quem, porém, não crer será condenado. Estes sinais acompanharão aqueles que creem: em meu nome, expulsarão demônios; falarão novas línguas; pegarão em serpentes; e, se beberem alguma coisa mortífera, não lhes fará mal; se impuserem as mãos sobre enfermos, eles ficarão curados.* (Marcos 16.15-18)

> *Jesus, aproximando-se, falou-lhes, dizendo: — Toda a autoridade me foi dada no céu e na terra. Portanto, vão e façam discípulos de todas as nações, batizando--os em nome do Pai, do Filho e do Espírito Santo, ensinando-os a guardar todas as coisas que tenho ordenado a vocês. E eis que estou com vocês todos os dias até o fim dos tempos.* (Mateus 28.18-20)

A forma prática de respondermos em ação à pergunta anterior é discipulando as nações. E, para isso, as Escrituras nos apresentam o que chamamos de Grande Comissão, a qual se expressa de duas formas: fazendo discípulos de pessoas e das nações. A primeira se refere ao discipulado "um a um", enquanto a segunda está relacionada ao discipulado de toda uma nação — contudo, só conseguimos cumpri-la por meio do discipulado do indivíduo.

Quando Deus nos apresenta apenas a Sua vontade, Ele também nos traz Sua estratégia para realizá-la. O agir do Senhor para que comecemos a cumprir Habacuque 2.14, Marcos 16.15-18 e Mateus 28.18-20 inicia-se em cada um de nós. O processo de transformação começa no espírito, na mente e no coração do homem.

O Evangelho é tão pleno que carrega em si o poder de regenerar e restaurar um indivíduo, e de transformar uma nação. Por meio da Cruz e do poderoso sangue do Messias, temos o perdão de nossos pecados, a quitação de nossas dívidas, a reconstituição do acesso e de nosso estado com o Pai, e a restauração do mandato cultural em sua origem. Ou seja, é um processo interno que culmina em uma transformação externa das esferas da sociedade.

Ao crer em nosso coração, confessar com nossos lábios, reconhecer e receber Jesus Cristo como nosso Senhor e Salvador (cf. Romanos 10.9), nascemos de novo (cf. João 3.3) e somos feitos novas criaturas (cf. 2 Coríntios 5.17). Esse é o processo de regeneração espiritual por que passamos ao receber o Santo Espírito de Deus, e é a partir daí que a transformação de uma nação começa. No cerne de tudo está a nossa nova vida em Cristo — que provoca um efeito borboleta. Uma vez que somos restaurados à posição original de Gênesis, o Senhor dá início ao Seu plano através de nós.

Não há como pensarmos na transformação e no discipular de uma nação de fora para dentro. É necessário que iniciemos o processo de dentro para fora. Nascemos de novo de um Deus sobrenatural, Rei de um Reino invisível, porém real (cf. Lucas 17.20-21), que deve ser estabelecido na Terra e avançado em território pelos filhos do Rei, eu e você.

Uma vez que fazemos parte desse Reino, o entendimento e o conhecimento dele começa a moldar a nossa forma de pensar — e isso chamamos de "**cosmovisão**". O que cremos estabelece o modo como interagimos com as pessoas e o mundo; essa nova visão vai sendo construída conforme conhecemos o Rei e o Seu Reino, o que só é possível através das disciplinas espirituais, como a oração, a leitura da Bíblia, o jejum e a adoração. Esse processo forja nosso caráter para que nos tornemos as pessoas certas para estabelecer e propagar tal visão.

Ao cumprirmos esses passos do mandato cultural, chegamos ao ponto de construção de família. Talvez você, assim como eu, seja fruto de um lar que já estava

NÃO HÁ COMO PENSARMOS NA TRANSFORMAÇÃO E NO DISCIPULAR DE UMA NAÇÃO DE FORA PARA DENTRO. É NECESSÁRIO QUE INICIEMOS O PROCESSO DE DENTRO PARA FORA.

nesse ciclo, ou talvez seja a primeira pessoa a conhecer Jesus em sua casa e, portanto, o iniciará. Seja qual for, o momento de construir família embasado na cosmovisão bíblica chegará. Esse passo é de extrema importância, pois é por meio dele que poderemos formar os cidadãos do Reino que entrarão nas esferas da sociedade, causando impacto e transformação por meio dos princípios, valores e da realidade do Reino de Deus, e isso nos levará ao cumprimento de Mateus 28.19 — o discipular de nações.

Meus filhos precisam se lembrar de que eles não são como todos e que têm um chamado específico.

por **Paula Yamamoto**

Vale ressaltar que essa transformação não ocorrerá da noite para o dia. Leva tempo, muito tempo, para vermos os resultados de nossa obediência à vontade do Pai e de nossos esforços em cumpri-la. Mesmo porque, ao longo do caminho, teremos de lidar com ataques do Inimigo, que não quer, de forma alguma, que Deus atinja Seu objetivo de ter a Terra cheia do conhecimento de Sua glória. Mas não se preocupe, pois temos a armadura do Senhor (cf. Efésios 6) para lutar essa batalha e estamos submetidos à Sua autoridade, podendo assim resistir ao Diabo, de modo que ele fuja de nós (cf. Tiago 4.7). Essa batalha espiritual deve gerar em nós um anseio ainda maior de estabelecer o mandato cultural, forçando-nos a pensar de forma multigeracional, uma vez que não será possível ver o resultado de nosso labor em nossa própria geração, mas nas vindouras, assim como consta em João 4.37-38 e 1 Coríntios 3.5-10. Nossa responsabilidade, portanto, não é ver o resultado final, mas obedecer ao chamado e fazer nossa parte na história de Deus.

POR QUE É DIFÍCIL VER O CUMPRIMENTO DO MANDATO CULTURAL EM NOSSA FAMÍLIA?

Precisamos nos lembrar de que o mandato vem antes da Queda do homem e que, por mais que ainda hoje ele esteja intacto em seu significado, temos de lidar com os efeitos do pecado original. Por esse motivo, nós nos encontramos, por meio da ação do Espírito Santo, no processo de restauração da nossa habilidade de cumpri-lo.

É necessário reconstituirmos a estrutura familiar bíblica, a começar pelos maridos e pelas esposas. Afinal, uma nova família tem início quando um homem e uma mulher deixam seus pais, unem-se e têm filhos. Cada um tem um papel específico que precisa ser cumprido para que o lar se desenvolva de forma saudável, assemelhando--se e refletindo a estrutura celestial.

Restaurando a estrutura familiar

Marido e esposa

Como vimos em Gênesis 1.28, o Senhor ordena tanto ao homem como à mulher que juntos sejam fecundos, multipliquem-se, encham a terra, sujeitem-na e tenham domínio sobre ela — cada um de forma condizente à sua composição. O homem foi criado primeiro e, para que pudesse cumprir o que Deus lhe ordenara, precisava contar com uma ajudadora equivalente. O Senhor fez, então, a mulher a partir da costela do homem, ou seja, de sua lateral, para que ela caminhasse lado a lado com ele, ajudando-o com o mandato cultural estendido aos dois.

O marido vem como esse líder que conta com uma colíder ajudadora. Em minha casa, por exemplo, sei que a direção para nossa família vem do Teófilo. No entanto, em cada decisão a ser tomada, oramos e cremos juntos no rumo ao qual o Senhor nos levará. Meu marido assume o encargo de direcionar nossa família, e eu assumo o encargo de apoiá-lo e fazer com que todos sigamos a direção dada por Deus. Sem a visão profética dele, nossa casa careceria de direção. Porém, sem meu apoio e suporte, não conseguiríamos seguir. É necessário um trabalho em equipe a fim de avançarmos para o mesmo alvo.

O mais lindo é entender que a palavra "ajudadora", no original, é a mesma usada tantas vezes para descrever Deus como o ajudador de Seu povo. Ou seja, de forma alguma o Senhor diminui a mulher ao posicioná-la como essa auxiliadora, mas a tem com grande estima para exercer papel de tamanha importância em Seu Reino. Precisamos retomar essa distinção original e poderosa, e estabelecê-la em nosso lar, a fim de conseguirmos cumprir o mandato cultural. O sucesso de qualquer sociedade é diretamente proporcional à saúde de suas famílias.

Diante disso, talvez tenhamos algumas perguntas a nos fazer.

1. Como eu e meu cônjuge vemos esses papéis em nosso casamento?
2. Como podemos entender melhor o papel de cada um e nos encorajar mutuamente a fim de cumprir o propósito?
3. O que podemos fazer para ter mais harmonia em nosso trabalho em equipe em prol do cumprimento do mandato cultural?
4. O podemos fazer para cultivar um lar que modele o Reino de Deus?

Filhos

A primeira direção do Senhor para o casal é que sejam fecundos, férteis, frutíferos, ou seja, que tenham filhos. No entanto, de acordo com Malaquias 2.15, o desejo de Deus vai além: **nossos filhos devem ser dedicados a Ele** — assim, multiplicaremos uma descendência que reflete Sua imagem. O nosso principal intuito deve ser ensiná-los nos caminhos do Senhor e povoar a Terra com discípulos de Cristo, uma vez que são estes que discipulam nações.

É na família que podemos gerar um ambiente que irá cuidar, nutrir, equipar, treinar e discipular nossos filhos. Em Malaquias 4.6, há uma promessa de que Deus "[...] converterá o coração dos pais aos filhos e o coração dos filhos a seus pais [...]". A reconciliação e a cura familiar possuem tamanho poder que criam uma plataforma sólida, a partir da qual podemos cumprir o mandato cultural. Pense na grande oportunidade e no privilégio que temos em nossas mãos de formar homens e mulheres tementes a Deus, que entrarão nas esferas da sociedade estabelecendo Seu Reino e discipulando uma nação. Nossos filhos podem, e devem, ir muito mais longe do que nós mesmos conseguiríamos — isso é pensar de forma multigeracional. Começa em nós, mas não para em nós.

Para que realmente entendamos o privilégio e a honra que temos em nossas mãos, é necessário destruir pensamentos de que filhos são um peso, um incômodo, um atraso em nossa vida. Especialmente as mães precisam urgentemente livrar-se dessas ideias demoníacas, pois, se enxergarmos nossas crianças assim, nunca seremos capazes de treiná-las para serem agentes de transformação na sociedade.

Filhos mudam tudo? Sim! Mas para muito melhor. Eles expõem nosso egoísmo e egocentrismo. Quando abraçamos a transformação que Deus deseja fazer em nós na criação de filhos, nós nos tornamos os filhos de que Ele precisa. Não estamos na Terra para ser felizes e ter nossas vontades e desejos realizados. Estamos neste mundo por uma única missão: cumprir o mandato cultural dado em Gênesis 1, preparando o caminho para a volta de nosso Senhor. E a forma de abraçarmos e realizarmos isso, de fato, é por meio de famílias salvas, curadas, restauradas e comissionadas. Não precisamos de mais tempo ou mais dinheiro para servir a Deus de forma adequada. Precisamos de mais temor e ousadia para fazer aquilo que Ele nos manda; precisamos aprender com nossos filhos o que significa viver com um coração de criança para que possamos entrar no Reino de Deus (cf. Mateus 19.14).

Para refletir sobre isso, trago mais perguntas que deveríamos nos fazer.

1. Temos valorizado nossos filhos?
2. Estamos ensinando-os nos caminhos do Senhor?
3. Temos aberto mão de nosso egoísmo e egocentrismo?
4. Quais desafios enfrentamos na criação de nossos filhos? Como podemos superá-los?

5. Com qual casal mais velho que tenha filhos crescidos servindo a Deus podemos aprender?

COMO TER UMA DESCENDÊNCIA DEDICADA AO SENHOR?

Discipulado efetivo

Em primeiro lugar, nós, como pais ou futuros pais, precisamos ter a certeza de que Deus nos capacitará para cuidar dos filhos que nos der. Basta inclinarmos nossos ouvidos às Suas direções e dependermos continuamente do Espírito Santo. Partindo desse ponto, é necessário concordar com a Bíblia de que a família é o lugar primordial de preparação de indivíduos e de desenvolvimento de um caráter íntegro e temente ao Senhor.

Ao longo de toda a narrativa das Escrituras, vemos que as famílias do povo de Deus não terceirizavam a educação de seus filhos, mas abraçavam o pacote completo de criação. De forma alguma estou argumentando contra a formação acadêmica de nossas crianças e adolescentes em escolas. Abordo aqui a necessidade de assumirmos a **responsabilidade** da criação e da educação de nossos filhos nos caminhos do Senhor. Esse não é e nem pode ser dever do Estado; tampouco é responsabilidade da igreja instruí-los nos preceitos bíblicos. Tanto o Estado quanto a igreja podem vir como um componente extra, mas a responsabilidade da criação é dos pais.

Philip Lancaster afirma:

> Ao longo dos tempos a família tem sido o berço da fé para cada nova geração, o lugar principal no qual o discipulado cristão tem ocorrido. O futuro é moldado, de geração em geração, dentro das casas. O lar é a principal arena para se viver a vida cristã. É em casa que o pecado e machucados, reconciliação e cura ocorrem diariamente. Em casa que o ignorante é ensinado, o rebelde é disciplinado, o arrependido é restaurado, o faminto é alimentado, o que não tem o que vestir é vestido, o doente é curado. É em casa que os papéis devidos de cada um e os relacionamentos são praticados.[1]

Temos esse lugar tão importante porque, antes mesmo de nossos filhos conhecerem a Deus, eles conhecerão a nós, e seremos esses modelos a partir dos quais as crianças entenderão o Senhor e Sua autoridade sobre a vida delas.

Como pais, é importante que tenhamos um coração genuíno, aberto e vulnerável, para que nossos filhos possam realmente se conectar conosco. Além disso, precisamos buscar sempre amá-los como Deus os ama e

[1] *Family man, family leader: biblical fatherhood as the key to a thriving family* ("Homem de família, líder de família: a parternidade bíblica como chave para uma família próspera", em português), 2003, citado por Scott Allen, no livro *As the family goes, so goes the nation* ("Conforme vai a família, assim vai a nação", em português), 2013.

treiná-los para que se desenvolvam e cheguem aos indivíduos que devem se tornar. É crucial que abramos o nosso próprio caminhar com o Senhor para que eles possam vivenciar isso e experimentar Deus como uma realidade no dia a dia.

> — *Escute, Israel, o Senhor, nosso Deus, é o único Senhor. Portanto, ame o Senhor, seu Deus, de todo o seu coração, de toda a sua alma e com toda a sua força.* ***Estas palavras que hoje lhe ordeno estarão no seu coração. Você as inculcará a seus filhos****, e delas falará quando estiver sentado em sua casa, andando pelo caminho, ao deitar-se e ao levantar-se. Também deve amarrá-las como sinal na sua mão, e elas lhe serão por frontal entre os olhos. E você as escreverá nos umbrais de sua casa e nas suas portas.* (Deuteronômio 6.4-9 – grifo nosso)

O Senhor nos instrui claramente a passarmos Seus preceitos, valores e ordenanças às próximas gerações. Primeiro, Ele nos diz que Suas palavras estarão em nosso coração, o que indica que nossa responsabilidade é passá-las ao íntimo de nossos filhos — e, para isso, precisamos conquistar seu coração; se não o tivermos, não conseguiremos instruir nossas crianças. Para atingir esse objetivo, no entanto, devemos ser pais presentes. Não permita que seus filhos se sintam menos importantes do que o seu celular e seu trabalho, por exemplo — ou, como no

É CRUCIAL QUE ABRAMOS O NOSSO PRÓPRIO CAMINHAR COM O SENHOR PARA QUE ELES POSSAM VIVENCIAR ISSO E EXPERIMENTAR DEUS COMO UMA REALIDADE NO DIA A DIA.

meu caso, menos importantes do que o ministério. Eles precisam saber que têm nossa atenção plena quando estamos juntos. Só assim conheceremos seu coração, sonhos e medos. Precisamos estar inteiramente presentes.

Após esse ponto do coração, é interessante ver que devemos "inculcar" a eles tais palavras. Esse termo, de acordo com o dicionário Houaiss, significa:

> 1. gravar, imprimir (algo) no espírito de alguém; repetir seguidamente (algo) a (alguém).

Ou seja, é de nossa total responsabilidade ensinar a nossos filhos, de forma diligente, tanto a Palavra de Deus quanto o amor por Ele. Não servimos ao Senhor por obrigação, mas porque O amamos acima de todas as coisas. Quando vivemos um amor genuíno por Ele, nossos filhos percebem e aprendem com isso, podendo, assim, amá-lO também.

> ***O que ouvimos e aprendemos, o que os nossos pais nos contaram, não o encobriremos a seus filhos; contaremos à geração vindoura os louvores do Senhor, e o seu poder, e as maravilhas***

> ***que fez.*** *Ele estabeleceu um testemunho em Jacó, e instituiu uma lei em Israel, e* ***ordenou aos nossos pais que os transmitissem a seus filhos, a fim de que a nova geração os conhecesse, e os filhos que ainda hão de nascer se levantassem e, por sua vez, os contassem aos seus descendentes;*** *para que pusessem a sua confiança em Deus e não se esquecessem dos feitos de Deus, mas lhe observassem os mandamentos.* (Salmos 78.3-7 – grifos nossos)

Vemos isso mais uma vez descrito nesse salmo. É assim que o Senhor constrói: de geração em geração, repassando Seus grandes feitos e a história de Seu povo para que nunca se esqueçam d'Ele e de Suas maravilhas. Esse é o poder do testemunho.

Não há como discipular nações sem entender o que já passou. Precisamos de um chão para construir em cima e fazer do nosso teto o chão daqueles que virão. Contudo, só poderemos fazer isso se tivermos o entendimento de manter vivos em nossa memória os grandes feitos do Senhor.

Não há como discipular nações se esse anseio não vier de um coração com amor pelo Pai. Somente temos autoridade sobre o que amamos; se amamos a Deus, amamos o que Ele ama e buscamos aquilo de que Ele é digno — e Ele é digno de todas as nações!

ELE É DIGNO DE TODA TRIBO, LÍNGUA, POVO E NAÇÃO

> *E cantavam um cântico novo, dizendo: "Digno és de pegar o livro e de quebrar os selos, porque foste morto e* ***com o teu sangue compraste para Deus os que procedem de toda tribo, língua, povo e nação*** *e para o nosso Deus os constituíste reino e sacerdotes; e eles reinarão sobre a terra".* (Apocalipse 5.9-10 – grifo nosso)

Somos convocados a discipular nações por meio de nossa família, pois o Senhor é digno dela. Famílias que discipulam nações são o coração pulsante da Grande Comissão deixada por Jesus a nós. Ao cumprir o papel bíblico de ensinar, nutrir e modelar a fé cristã dentro do lar, estabelecemos para nossos filhos uma fundação sólida sobre a qual poderão expandir o Reino de Deus e discipular nações. Uma vez que abraçamos essa convocação divina, causamos impacto eterno: gerações são alcançadas e comissionadas, comunidades são restauradas e nações são discipuladas.

Que nossos lares sejam como faróis em meio à escuridão. Que avancemos com ousadia, esperança, fé e alegria, pois sabemos que no Senhor nosso trabalho nunca será em vão (cf. 1 Coríntios 15.58). Somos chamados para sermos mais do que apenas famílias, fomos designados por Deus para sermos **epicentros de discipulado** e **veículos de transformação de nações**. Em nossas mãos há a oportunidade de moldar não apenas nossos filhos, mas o futuro de nossa nação. Por isso, sabendo que o trabalho não acaba aqui, deixo cinco passos práticos para você começar hoje mesmo, a fim de estabelecer uma família que cumpre o mandato cultural e discipula as nações.

1. Avalie a saúde espiritual de sua família e busque cura e restauração em Cristo.
2. Comprometa-se a inculcar a seus filhos os princípios da Palavra de Deus.
3. Seja um exemplo de amor e serviço.
4. Ore pelas nações.
5. Equipe e treine seus filhos para serem líderes que discipulam nações.

CRIANDO FILHOS DE PROPÓSITO

COMO POSSO **EXPLICAR** PARA O MEU FILHO **A IMPORTÂNCIA DO DISCIPULADO DAS NAÇÕES**?

Acredito que, quando nossos filhos entram na escolinha, fica mais fácil explicar que os amiguinhos replicam o que eles fazem e que, como um termostato, eles podem mudar o clima de um ambiente — seja por meio de uma oração ou de um abraço, por exemplo.

Meus filhos são muito sensíveis, e vejo que o Felipe sempre levou isso a sério. Se ele percebia que uma criança estava mais afastada em um lugar, tentava se aproximar para incluí-la. Isso não os levava para um lado humanístico, mas os ensinava a amar o próximo e a ter o olhar direcionado para o outro. É fundamental fortalecer esse mandamento ainda no início da vida de nossos filhos.

Além disso, na primeira infância, eu também aproveitava as aulas que os meninos tinham na escola. Então, quando falavam sobre o Brasil ou alguma outra nação, nós pegávamos as bandeiras e orávamos com eles. Isso foi sendo construído até que tivessem mais entendimento e consciência do discipular das nações.

por **Vanessa Dantas**

7 a 12 anos

Como compartilhei no capítulo 9, quando a Bianca tinha uns cinco aninhos, ela teve encontro com Jesus na escola, e Ele lhe disse que ela iria para a África quando tivesse dezoito anos. Quando chegou em casa e me contou o que havia acontecido, ela perguntou: "Mamãe, o que é África?". Nesse momento, eu peguei um mapa, chamei o Lucas e o Matheus e expliquei o que estava acontecendo. Nós mostramos para a Bianca onde ficava a África e conversamos sobre o discipulado de nações, sobre a importância de levar transformação a todos os lugares. Nesse momento, nós também enfatizamos a doçura que minha filha carrega, e lembramos que ela nasceu com um propósito. Desde então, todo ano, a Bibi recebe um presente que tem a ver com a África, então o discipulado de nações sempre foi bastante vivo para ela.

Fomos muito intencionais em orientar os nossos filhos a serem materialmente desprendidos, ensinando que o discipulado de nações é trazer o Céu à Terra por meio de transformação social e cultural. Entre 2022 e 2023, passamos nove meses fora do Brasil e, por causa de tudo o que construímos quando nossos filhos eram menores, eles não tiveram nenhum apego material nesse período. Hoje, eles sabem que podemos estar em um lugar e que, talvez, amanhã estejamos em qualquer outro, porque nós vivemos por um Reino, não por um país.

por **Jackeline Hayashi**

12 a 18 anos

Na adolescência, a questão do discipulado de nações tem muito a ver com senso de propósito, e isso é algo que eu sempre repito para os meus filhos — principalmente para o Pedro, que tem um chamado para as nações.

Nessa fase, nossos filhos gostam muito de andar com os amigos, mas, às vezes, esses mesmos amigos têm outros propósitos para a vida. Assim, faço questão de enfatizar a importância de eles serem posicionados nas palavras que receberam do Senhor. Meus filhos precisam se lembrar de que não são como todos e que têm um chamado específico. Muitas vezes, isso os fará abrir mão de coisas de que gostam ou de lugares em que gostariam de estar.

Uma vez que eles têm um chamado, Deus reservou, também, um propósito e uma direção específica para cada um, inclusive na questão de estudos. Costumo lembrar o Pedro que ele precisa ler mais que as outras pessoas, afinal deve alcançar nações e povos diferentes, o que requer muitas ferramentas.

Nossos filhos podem receber inúmeras palavras, mas acredito que seja importante os pais verbalizarem e os lembrarem do chamado de Deus em sua vida. Isso gera neles senso de direção e propósito.

por **Paula Yamamoto**

ANOTAÇÕES

O SUCESSO DE QUALQUER SOCIEDADE É DIRETAMENTE PROPORCIONAL À SAÚDE DE SUAS FAMÍLIAS.

O COMISSIONAMENTO

A Grande Comissão para a qual o Senhor Jesus nos chama vai muito além de uma convocação, ela nos impulsiona a formar famílias fortes que transformam e discipulam nações. Com tamanhas aventuras na criação de filhos, pensar que eles não são nossos apenas aumenta nossa responsabilidade. E isso significa que precisamos prepará-los para essa grande missão. A criação dos filhos não é um mero processo de crescimento natural, no qual somente suprimos suas necessidades básicas e intelectuais. Precisamos criar pessoas que entendam quem são e para o que foram chamadas.

Portanto, vão e façam discípulos de todas as nações, batizando-os em nome do Pai, do Filho e do Espírito Santo, ensinando-os a guardar todas as coisas que tenho ordenado a vocês. E eis que estou com vocês todos os dias até o fim dos tempos. (Mateus 28.19-20)

O CAMINHO E O DESTINO

Tudo o que Deus faz tem um motivo, e nossos filhos não foram colocados em nossa família por acaso, mas por um propósito. Portanto, a forma como os criamos precisa apontar para um destino. A intencionalidade nos tira do lugar de comodismo e nos leva a pensar em nossas ações, para que saibamos apontar para um futuro bom. Como pais, temos algo para depositar na vida de nossos filhos, e isso deve contribuir com o cumprimento desse chamado. Queremos que, através de tudo o que repartimos nestas páginas, você se torne um impulsionador da missão que o Senhor deu a cada um de nós — ter uma família de muitos filhos semelhantes a Jesus.

Lembre-se, ainda, de que chegamos ao fim do livro, mas não ao fim da história. Começar a trilhar o caminho é fácil; difícil é manter-se no caminho! Difícil é permanecer andando, mesmo quando parecemos andar para trás. Difícil é continuar caminhando ao sentir dor, solidão, angústia, injustiça e tantos outros sentimentos que não são prazerosos, mas que fazem parte de todo caminhar.

> *Não fui eu que ordenei a você?* ***Seja forte e corajoso!*** *Não se apavore nem desanime, pois o Senhor, o seu Deus, estará com você por onde você andar.* (Josué 1.9 – NVI – grifo nosso)

Criar filhos pode gerar medo, porque são tantas pessoas falando constantemente aos nossos ouvidos sobre a infância perdida, a falta de figuras paternas e maternas, a perversão da adolescência, o caos do mundo, a destruição dos casamentos... Mas uma voz doce nos diz: "[...] Não temas, crê somente!" (Marcos 5.36 – ACF).

Não somos perfeitos e nunca seremos, mas o importante é estar diante do Senhor. Se você estiver se sentindo falho, arregace as mangas e posicione-se em oração e jejum, Ele lhe dará graça e favor para continuar a caminhar. **Desistir não é uma opção.** Deus sempre estará ao nosso lado para nos levantar e nos ajudar a avançar, de modo que possamos cumprir o propósito que Ele tem para nossa vida.

Continuemos! Sigamos em frente, para o alvo. Esse alvo não está em nós mesmos, tampouco em nossos filhos: nosso alvo é Cristo. Precisamos olhar para Ele em todo o tempo!

O INVESTIMENTO

Cuidar de nossa família é um investimento em longo prazo. Enquanto as crianças são pequenas, não vemos os frutos, mas podemos estar certos de que não existe recompensa melhor do que ver nossos filhos amando e servindo ao nosso Senhor. Investir neles é gerar legado para as próximas gerações. Eles não só colherão bênçãos, mas suas linhagens repercutirão por muitas gerações. Com isso, é importante que tenhamos em mente alguns pontos.

D'Ele, por Ele e para Ele são todas as coisas

Jesus é o único caminho para termos famílias saudáveis. Podemos desenvolver várias estratégias para criarmos filhos educados, que tenham dentro de si valores, mas a verdade é que nada adianta se não inculcarmos a eles a Palavra de Deus. Às vezes, nós nos preocupamos tanto com o temperamento, com o futuro, com a profissão, com quem irão se casar... Contudo, se tiverem uma experiência verdadeira com o Senhor, certamente serão impulsionados a viverem uma vida com Cristo, além de serem supridos em toda e qualquer medida (cf. Mateus 6.33).

O fardo é leve!

Família é um presente de Deus para nós, e Ele quer aliviar nosso fardo, permitindo que, ao deixá-lo mais leve, nos alegremos nessa verdade — sem tanta cobrança e comparação. Portanto, não demore para reconhecer; não demore para crer; não demore para caminhar alegremente nessa realidade.

A visão não mudou!

Compreender que a visão de Deus a respeito da família não mudou nos dá força e foco para abastecer e suprir nosso lar com o que é necessário nesta jornada. Como compartilhamos em cada página deste livro, o Espírito Santo é quem nos ensina e capacita para a jornada familiar.

Deus não Se enganou a nosso respeito!

Em sua infinita bondade, o Senhor confiou filhos a nós e sabia que, em Cristo, poderíamos ter o encaixe adequado com eles. Precisamos crer mais no poder do Criador do que naquele que tem tentado distrair e destruir nossa família. Creia e permaneça firme! O Diabo conhece o poder de famílias saudáveis nesta Terra e não tem medido esforços e energias para destruí-las. Caso seu lar já tenha sido alvo de ataques, compreenda que Deus, mais do que qualquer um, levantou um exército para destruir os planos inflamados do Inferno. O Senhor não Se enganou a seu respeito!

Melhor é o fim das coisas!

Temos certeza de que Deus falou com você, e Ele provavelmente organizará cada detalhe em sua casa, se você pedir ajuda. Agora, gostaríamos de encorajá-lo a ser zeloso com tudo o que leu e ouviu por meio das entrelinhas deste livro. Faça isso sem comparações, de acordo com o que o Senhor está soprando em seus ouvidos, pois cada família tem sua dinâmica e filhos com personalidades diferentes. Mas existe apenas um Deus que conhece e sabe o que cada um precisa. Durante esse processo, tenha em mente uma verdade:

> ***Melhor é o fim das coisas do que o seu princípio****; a paciência é melhor do que a arrogância. Não se apresse em ficar irado, porque a ira se abriga no íntimo dos tolos. Nunca pergunte: "Por que os dias passados melhores do que os de agora?" Pois não é sábio fazer essa pergunta.* (Eclesiastes 7.8-10 – grifo nosso)

Porque, ao chegarmos ao fim, chegaremos mais fortes, humildes e pacientes, com nosso caráter aprovado! A dinâmica familiar com Cristo nos torna mais parecidos com Ele.

A PRÁTICA

Esperamos que, ao fim deste livro, o seu coração, assim como o nosso, esteja batendo mais forte com o anseio de pôr tudo em prática, viver em família à luz da Bíblia e criar filhos que discipularão nações! Oramos para que seu interior seja ainda mais incendiado, permitindo que você queime todos os dias de sua vida por essa visão clara, que trará norte para o seu caminhar.

Se pudéssemos lhe dar um conselho agora, seria: pegue um princípio de cada vez e aplique-o em sua família até que se torne natural e parte de quem vocês são. Gaste tempo jejuando e orando em cima de cada capítulo, peça ao Senhor que transforme seu coração para que esteja cada vez mais alinhado com o d'Ele. Assim como Tiago nos exorta a sermos praticantes da Palavra (cf. Tiago 1.22), que apliquemos em nossa vida tudo o que aprendemos nestas páginas.

Gaste tempo orando por sua casa, seu cônjuge, cada um de seus filhos, nominalmente. Há tanto poder em conhecermos nossos familiares pelo espírito e não apenas de forma natural. Seja grato por cada um deles e pelo que tem vivido e caminhado até aqui. Caso ainda não tenha filhos, ore por eles desde já, declarando a realidade de quem são em Deus. Cultive o hábito de agradecer, abençoar e forjar seus amados em intercessão. A oração não é a única coisa que podemos fazer, mas, sem ela, nada podemos.

OS ARQUEIROS

Entenda que seu objetivo como pai ou mãe é preparar uma aljava boa, firme, com capacidade de carregar com qualidade tantas flechas quanto Deus determinar. Portanto, que cada uma dessas flechas seja muito bem desenhada, formada e afiada por você! Lembre-se de que elas não foram feitas para serem mantidas na aljava para sempre. Despendemos tempo e dedicação forjando-as, entendendo que, quanto melhores forem, mais longe irão e mais assertivas serão.

> *Herança do Senhor são os filhos; o fruto do ventre, seu galardão. Como flechas na mão do guerreiro, assim são os filhos da sua mocidade. Feliz o homem que enche deles a sua aljava; não será envergonhado, quando enfrentar os seus inimigos no tribunal.* (Salmos 127.3-5)

Preparamos bem nossas aljavas para que comportem nossas flechas com excelência e para que nenhuma caia ao longo do caminho. No entanto, elas nunca foram o destino final. Na verdade, servem de suporte e proteção por um curto período, até que as flechas sejam lançadas e encontrem os alvos para os quais foram feitas.

Que, como arqueiros, não tenhamos medo de atirar nossas flechas em direção ao seu destino, mesmo que este nos pareça assustador. Saibamos que a direção e o propósito designados por Deus são os lugares perfeitos para cada uma das flechas brutas que Ele nos confiou para que fossem forjadas. Criar flechas de qualidade não é algo que acontece por acaso, mas de forma intencional e com muita dedicação.

Lembremo-nos de que o propósito de cada uma delas é atingir o alvo e avançar em território. Lembremo-nos, também, de que elas são armas de guerra. Deus nos pediu flechas, e não espadas, porque as espadas só conseguimos usar no que está ao nosso alcance, mas as flechas podem ir muito mais longe. Lançá-las é um dos maiores privilégios para nós, os arqueiros.

Que nossos corações sempre amem, compreendam e perdoem.

Que nossas mãos sempre se estendam, alcancem e resgatem.

Que nossos braços acolham, protejam e defendam.

Que nossos olhos confortem, consolem e confrontem.

Que nossas palavras despertem, afirmem e comissionem.

Que nossos colos sejam sempre ninho onde os filhos possam pousar e descansar.

Que nossas histórias sirvam de lenha para sua fé.

Que nossos conselhos, de óleo para suas lâmpadas.

Que nosso teto seja seu piso.

Que nossa descendência seja poderosa na Terra, justa, abençoada, e faça história com Deus.

A GRANDE COMISSÃO PARA A QUAL O SENHOR JESUS NOS CHAMA VAI MUITO ALÉM DE UMA CONVOCAÇÃO, ELA NOS IMPULSIONA A FORMAR FAMÍLIAS FORTES QUE TRANSFORMAM E DISCIPULAM NAÇÕES.

REFERÊNCIAS BIBLIOGRÁFICAS

CAPÍTULO 1

JEHLE, Paul. **Ensino e aprendizagem**: uma abordagem filosófica cristã. Tradução de Inez Augusti Borges. Belo Horizonte: AECEP, 2015.

MASONSOFT TECHNOLOGY LTD. Webster's dictionary 1928, 2022. Bless. Disponível em *https://webstersdictionary1828.com/Dictionary/bless*. Acesso em março de 2024.

NESHAMAH [05397]. *In*: DICIONÁRIO bíblico Strong. Barueri: Sociedade Bíblica do Brasil, 2002.

PEARCEY, Nancy. **Verdade absoluta**: libertando o cristianismo de seu cativeiro cultural. São Paulo: CPAD, 2016.

CAPÍTULO 2

JUSTIÇA. *In*: DICIONÁRIO Michaelis online. São Paulo: Melhoramentos, 2024. Disponível em *https://michaelis.uol.com.br/moderno-portugues/busca/portugues-brasileiro/justi%C3%A7a/*. Acesso em abril de 2024.

JUSTIFICAR. *Ibidem*. Disponível em *https://michaelis.uol.com.br/moderno-portugues/busca/portugues-brasileiro/justificar/*. Acesso em abril de 2024.

RUWACH [07307]. *In*: DICIONÁRIO bíblico Strong. Barueri: Sociedade Bíblica do Brasil, 2002.

TAYLOR, Howard. **O segredo espiritual de Hudson Taylor.** 2. ed. São Paulo: Mundo Cristão, 1987.

TRUESDALE, Al (org.). **Heróis da Igreja**: grandes nomes da história do cristianismo. São Paulo: Mundo Cristão, 2020. v. 5.

CAPÍTULO 3

CLOUD, Henry; TOWNSEND, John. **Limites**: quando dizer sim, quando dizer não. São Paulo: Vida, 2001.

LEWIS, C. S. **Os quatro amores**. Rio de Janeiro: Thomas Nelson Brasil, 2017.

CAPÍTULO 5

JANSSEN, Daniela. **Quais são os 4 temperamentos infantis e como lidar.** [*S. l.*]: [*s. n.*], 2019. Disponível em *https://danielajanssen.com.br/wp-content/uploads/2019/03/e-book-temperamentos-infantil.pdf*. Acesso em março de 2024.

LAHAYE, Tim. **Temperamentos transformados.** 2. ed. São Paulo: Mundo Cristão, 2008. Posição 375.

CAPÍTULO 6

CETAS, Anne. **Walking in His dust**. Publicado por *Our daily bread* em 13/09/2013. Disponível em *https://odb.org/2005/09/13/walking-in-his-dust*. Acesso em abril de 2024.

NORMAN, Russell Champlin. **Enciclopédia de Bíblia**: teologia e filosofia. v. 2. São Paulo: Hagnos, 2002. p. 181.

TRIPP, Tedd. **Pastoreando o coração da criança**. 2. ed. São José dos Campos: Editora fiel, 2017.

CAPÍTULO 7

TIBA, Içami. **Adolescentes**: quem ama educa! 46. ed. São Paulo: Integrare Editora, 2010.

CAPÍTULO 8

LEADERSHIP PODCAST. Locução de Craig Groeschel. Life.Church Podcast. Disponível em *https://open.spotify.com/show/7tznexFwtbxfPOYF5mxkxI?si=b4e202db18ab40ee.* Acesso em abril de 2024.

PERDÃO. *In:* DICIONÁRIO Houaiss da Língua Portuguesa. Rio de Janeiro: Editora Objetiva, 2024. Disponível em *https://houaiss.uol.com.br/corporativo/apps/uol_www/v6-2/html/index.php#2.* Acesso em abril de 2024.

SCHOLZ, Vilson. **O que a Bíblia ensina sobre perdão**. Publicado por *Ultimato online* em 29/03/2019. Disponível em *https://www.ultimato.com.br/conteudo/o-que-a-biblia-ensina-sobre-perdao#:~:text=Mais%20frequentes%20s%C3%A3o%20verbos%20que,ser%20traduzidos%20por%20.* Acesso em abril de 2024.

CAPÍTULO 9

AREK [0750]. *In*: DICIONÁRIO bíblico Strong. Barueri: Sociedade Bíblica do Brasil, 2002.

AVON [05771]. *Ibidem.*

CHANAN [02603]. *Ibidem.*

CHECED [02617]. *Ibidem.*

RACHAM [07355]. *Ibidem.*

CAPÍTULO 10

DUNAMIS MOVEMENT. Dunamis Movement, s. d. 1LUV. Disponível em *https://dunamismovement.com/1luv/.* Acesso em abril de 2024.

VECTEEZY. Vecteezy, 2024. Arte vetorial. Disponível em *https://pt.vecteezy.com/arte-vetorial/16059229-conjunto-de-atividades-de-rotina-diaria-de-crianca-dos-desenhos-animados*. Acesso em abril de 2024.

CAPÍTULO 11

ALLEN, Scott. God's purpose for the family in discipling nations. *In*: YOUMANS, Elizabeth; THRIFT,

Jill; ALLEN, Scott. **As the family goes, so goes the nation**: principles and practices for building healthy families. Florida: Chrysalis International, Inc., 2013.

INCULCAR. *In:* DICIONÁRIO Houaiss da Língua Portuguesa. Rio de Janeiro: Editora Objetiva, 2024. Disponível em *https://houaiss.uol.com.br/corporativo/apps/uol_www/v6-2/html/index.php#1.* Acesso em abril de 2024.

LANCASTER, Phillip. **Family man, family leader**: biblical fatherhood as the key to a thriving family. San Antonio: The Vision Forum, Inc., 2003.

Este livro foi produzido em Adobe Garamond Pro 12 pt e impresso pela Gráfica Promove sobre papel Pólen Natural 70g para a Editora Quatro Ventos em maio de 2025.